隨身版

華嚴經普賢行願品白話解釋

黃智海／著

笛藤出版

前言

在眾多佛教入門的佛經釋注、解釋的書中，黃智海居士的著作的確給初入門的人開了一道「方便」之門，將經文做逐字逐句的解釋，不僅淺顯也詳盡、容易理解。

因為時代的變遷、進步，原書老式的排版，對現在讀者的閱讀習慣較吃力困難，有鑒於此，本社的重新編排也盡量朝「方便」讀者的方向努力，使大家可以輕鬆的看佛書、學習佛法，另外，為了方便讀者隨身攜帶閱讀，特別將開本縮小，但字體儘量維持大字、清晰，便於閱讀且加深記憶。

本書有些地方將原文稍做修改，特記如下：

1.標點符號使用新式標點的編排。新版的標點有些地方並不符合標準的標點符號，為了符合演述者的口氣，儘量保存原有的風味，敬請察諒。

2.內容太長的地方，加以分段。

3.民國初時的白話用字改成現今的用字，例如「彀」改成「夠」。「箇」改成「個」。「纔」改成「才」。「末」改成「麼」……等等意思相同的普通話。

4.有一些地方方言上的語氣詞改成一般普通話的說法或刪除掉。例如：「同了」改成「和」或「與」，「那」、「了」、「的」、「是」的刪除。

5.括弧內解釋的部分用**顏色**印刷，和本文區隔，使讀者更容易讀解。

希望稍做改版後的書，能夠對讀者有所助益，有疏漏的地方，敬請不吝指正是幸。

本社編輯部謹識

目次

華嚴經普賢行願品 白話解釋 序

蘇州靈巖封釋妙真

法華經說，我此九部法，隨順眾生說。佛是隨順眾生而說法的。諸菩薩四無礙辯中的詞無礙辯，便是於諸方言辭通達自在的意思。這樣可以證明佛菩薩說法，必定隨順眾生，而且通達一切眾生的言辭。

語言和文字，是弘揚佛法最重要的利器。即使禪宗不立語言文字，然而也用楞伽、金剛印心，也傳布了許多語錄和傳記。現在我們既然要運用語言文字來弘揚佛法，那麼語言有楚夏之殊，文字有今古之別。對東方人說法，而用西方的語言文字。對現代的人說法，而用古代的語言文字，所得的效果，一定是很渺小的。因為這樣的說法，便是缺乏了詞無礙辯，不通達一切眾生的言辭，不能隨順眾生。

佛經是從印度傳來的，起初本來都是用梵文所寫。到了中國，許多譯經的大師，才把梵文譯成漢文，使中國人能夠讀誦、解說、受持、修習。但是語言和文字，時時都在變遷著。到了現在，一般社會上所運用的語言文字，早已不是從前譯經時所用的語言文字了。語言文字，既已發生了變化，佛教教義的傳布，也就面臨很大的障礙。因此在現在的弘法工作中，用現代的語言文字來解釋佛法，已成為最迫切需要的任務了。

黃涵之老居士，深入經藏，具大悲心，他早已看清楚這一個問題。用現代的語言文字來解釋佛經，是當前迫切需要的工作。所以在十幾年前，就著了《阿彌陀經白話解釋》一書，用語體文來解釋阿彌陀經，由弘化社出版，印行幾萬冊，風行全國。在弘法的工作上，起了很大的作用。最近又出版了《朝暮課誦白話解釋》，也一樣為全國佛教徒所愛讀。

現在，黃老居士又把他自己的作品，《華嚴經普賢行願品白話解釋》稿本，出示於真，經過詳細的閱讀，確已把行願品的精蘊，用語體文表達出來了，可說是一部成功的作品。預期出版以後，也一定會和《阿彌陀經白話解釋》、《朝暮課誦白話解釋》，同樣為全國佛教徒所愛讀。

普賢行願品在八十卷華嚴中，名入法界品。因為八十華嚴文來未盡，從普賢菩薩說偈讚佛以後的文字，都缺略了。到唐德宗貞元年間，南天竺烏茶國王，進呈大方廣佛華嚴經入不思議解脫境界普賢行願品四十卷。前三十九卷，就是八十華嚴的入法界品，不過文義比較詳盡。第四十卷，卻是前譯所無，便是現在所解釋的這一卷經。當時清涼國師曾著華嚴疏鈔，後來又特為這一卷經，普賢行願品第四十卷製疏別行，而即稱之為普賢行願品。

這一卷經，在華嚴全經之末。普賢菩薩對善財童子說：「如來功德，假使十方一切諸佛，經不可說不可說佛刹極微塵數劫，相續演說，不可窮盡。若欲成就此功德門，應修十種廣大行願。」下面就是詳細分述十種廣大行願。這十種廣大行願，便是成就如來功德的法門。華嚴是經中之王，而這一卷經，在全經之末，列示如來功德，正是經王的歸根結穴，可見這卷經，在整個佛法中的地位了。

這一卷經，既是華嚴的歸根結穴，而同時又極力提倡淨土。如經中所說：「又復是人臨命終時，最後刹那，一切諸根悉皆散壞，一切親屬悉皆捨離，一切威勢悉皆退失。輔相大臣，宮城內外，象馬車乘，珍寶伏藏，如是一切，無復相隨。唯此願王，不相捨離，於一切時，引導其前。一剎那中，即得往生極樂世界。到已，即見阿彌陀佛，文殊師利菩薩、普賢菩薩，觀自在菩薩、彌勒菩薩等。此諸菩薩，色相端嚴，功德具足，所共圍繞。其人自見生蓮華中，蒙佛授記。得授記已，經於無數百千萬億那由他劫，普於十方不可說不可說世界，以智慧力，隨眾生心，而為利益。不久當坐菩提道場，降伏魔軍，成等正覺，轉妙法輪，能令佛剎極微塵數世界眾生，發菩提心。隨其根性，教化成熟，乃至盡於未來劫海，廣能利益一切眾生。」

又說：「願我臨欲命終時，盡除一切諸障礙，面見彼佛阿彌陀，即得往生安樂剎。我既往生彼國已，現前成就此大願，一切圓滿盡無餘，利樂一切眾生界。彼佛眾生咸清淨，我時於勝蓮華生，親覩如來無量光，現前授我菩提記。蒙彼如來授記已，化身無數百俱胝，智力廣大徧十方，普利一切眾生界。乃至虛空世界盡，眾生及業煩惱盡，如是一切無盡時，我願究竟恆無盡。」

這樣看起來，淨土又是這一卷經的歸根結穴。因此，我們就得到這樣的結論：華嚴是經中之王，而華嚴的歸根結穴，在於普賢行願品，普賢行願品的歸根結穴，又在於淨土。所以，古代大德把這一卷經特別提出，和阿彌陀經、觀無量壽佛經、無量壽經、楞嚴經勢至菩薩念佛章並行。稱為淨土五經，是有其深長之意。

我現在預祝：願讀過這本經的人，都能夠受已能讀，讀已能誦，誦已能持，乃至書寫廣為人說。願讀過這本經的人，都為諸佛菩薩之所稱讚，為一切人天之所禮敬，為一切眾生之所供養。悉能遠離一切惡友，悉能制服一切外道，悉能解脫一切煩惱。更要說願：願一切眾生，皆得往生阿彌陀佛極樂世界。

黃老居士還表示，要著觀無量壽佛經、無量壽經、楞嚴經勢至菩薩念佛章的白話解釋，完成淨土五經的白話解釋。我很歡喜，願黃老居士這個願望早日實現，令全國的佛教徒，都能夠接受淨土宗的高風，而得到往生極樂生界的利益。

大方廣佛華嚴經 入不思議解脫境界普賢行願品白話解釋的看法

我用白話來解釋觀世音菩薩普門品的時候，發過一個願心，要把普賢菩薩的行願品，照普門品白話解釋的格式，也來編成一本白話解釋。因為用功佛法的居士，不論男女，大都喜歡念普門品和行願品兩種經。

這本行願品，是普賢菩薩為了要引導煩惱眾生，出離苦海，希望修行的結果，能夠往生阿彌陀佛西方極樂世界。所以發一個極大極大的願心，以自己做為榜樣，給眾生看。

就算是普賢菩薩自己要往生極樂世界，所以發這種大願心。使聽到的人，能夠想想普賢菩薩已經是修到登地大菩薩的地位了，（登地，在經題底下，有詳細註解。）還在求往生極樂世界，那麼我們孽重的凡夫，怎麼可以不勇猛的修學佛法，大家都發往生極樂世界的願心呢？所以這部行願品，就成了勸人修往生極樂世界的淨土經了。

從前大法師編淨土四經，就把行願品加在裏面。先師印光老法師編的淨土五經，也把行願品加在裏面。所以修淨土的居士，更加喜歡用功於行願品了。行願品的經文，雖然不多，但是經文的意義和文字，都是很深的。我怕文理不甚明白的人不容易懂，所以也編成了白話解釋，給初發心學佛的男女居士們小小的幫助。

這本行願品所講的，就是普賢菩薩發的十個大願心，在朝暮課誦白話解釋下卷裏，已經大略解釋過。看這本行願品白話解釋的各位，可以請一本《朝暮課誦白話解釋》來看看，因為朝暮課誦裏面，有許多名詞、許多經句，（經句，就是經文的句子。）和行願品是一樣的。能夠把這兩種白話解釋，比較看看，就更加容易明白了。有些名詞經句，在阿彌陀經或是心經等各種白話解釋裏，已經解釋過的，就大略講講。另外在小註裏，會說明白在某部白話解釋裏，有詳細解釋。

這樣的做法，有兩種希望。

一是希望看這本行願品白話解釋的男女居士，趁這個機會，看看《朝暮課誦白話解釋》，可以引發他們做朝夜課的念頭，大家就都可以多做些學佛的功課，多積些修學佛法的功德。

二是希望看看《阿彌陀經白話解釋》，可以引發他們求往生西方極樂世界的念頭，將來大家一同往生阿彌陀佛西方極樂世界去，這不是極妙的事情，極大的利益嗎？

還有一句很要緊的話，要提醒看這本行願品白話解釋的各位男女居士，華嚴經上所說的，都是佛的境界，不是我們凡夫所能夠想得到的。

譬如我們中國古代，在夏朝、商朝、周朝時，國內的土地，恐怕還沒有現在五分之一大。倘若在那個時候，有人說中國的外面，還有許多的土地、許多的大小各國。中國是在亞洲的，而亞洲的外邊，還有歐洲等六個大洲，都在這一個地球上。地球外邊，還有日、月球和無窮無盡的種種星球等等。像這樣說，恐怕聽的人，都要笑這說話的人，是在發瘋。

現在輪船、火車、飛機交通發達，全地球七大洲，都可以來來往往，大家也都相信這些話。現在科學一天比一天發達，地球以外的日、月球、星球等，將來或許也可以搭乘各種新發明的交通工具上太天空去，隨處遊歷。

倘若在幾千年前說這些話，肯定沒人會相信。所以我們看了華嚴經和別種佛經上所說的話，只要認定佛菩薩絕對沒有妄語，應該要深信切信，不可以稍稍夾雜一點疑惑的念頭，增加自己的罪過。將來修的功夫深了，得到六通時，自然會明白。這是最要緊的，務必要牢牢記住。

華嚴經普賢行願品 全文

大方廣佛華嚴經 77

唐罽(ㄐㄧˋ)賓國，三藏般若奉詔譯 86

入不思議解脫境界普賢菩薩行願品 88

爾時，普賢菩薩摩訶(ㄏㄜ)薩，稱嘆如來，勝功德已，

告諸菩薩，及善財言： 92

善男子！如來功德，假使十方，一切諸佛，

經不可說不可說佛剎ㄔㄚˋ，極微塵數劫，
相續演說，不可窮盡。
若欲成就，此功德門，應修十種，廣大行願。
何等為十？
一者禮敬諸佛，二者稱讚如來，三者廣修供養，
四者懺悔業障，五者隨喜功德，六者請轉法輪，
七者請佛住世，八者常隨佛學，九者恆順眾生，

101 十者普皆回向。

102 善財白言：大聖！云何禮敬，乃至回向？

104 普賢菩薩，告善財言：善男子！言禮敬諸佛者，
所有盡法界、虛空界，

107 十方三世一切佛剎(ㄔㄚˋ)，極微塵數諸佛世尊，

109 我以普賢行願力故，深心信解，如對目前。

110 悉以清淨身、語、意業，常修禮敬。

一一佛所，皆現不可說不可說佛剎ㄔㄚˋ，極微塵數身。
111 一一身，徧禮不可說不可說佛剎ㄔㄚˋ，極微塵數佛。
112 虛空界盡，我禮乃盡。
113 以虛空界，不可盡故，我此禮敬，無有窮盡。
如是乃至，眾生界盡，眾生業盡，
眾生煩惱盡，我禮乃盡。
而眾生界，乃至煩惱，無有盡故，

我此禮敬，無有窮盡。114

念念相續，無有間斷。身、語、意業，無有疲厭。116

復次，善男子！言稱讚如來者，117

所有盡法界、虛空界，十方三世，一切剎土，

所有極微，一一塵中，皆有一切世間，極微塵數佛。

一一佛所，皆有菩薩，海會圍繞。118

我當悉以，甚深勝解、現前知見。120

各以出過，辯才天女，微妙舌根，
一一舌根，出無盡音聲海。
一一音聲，出一切言辭海。
稱揚讚嘆，一切如來，諸功德海。
窮未來際，相續不斷。盡於法界，無不周徧（ㄅㄧㄢˋ）。
如是虛空界盡，眾生界盡，眾生業盡，
眾生煩惱盡，我讚乃盡。

而虛空界，乃至煩惱，無有盡故，
我此讚嘆，無有窮盡。
念念相續，無有間斷。身、語、意業，無有疲厭。 124
復次，善男子！言廣修供養者， 125
所有盡法界、虛空界，
十方三世，一切佛剎，極微塵中，
一一各有，一切世界，極微塵數佛。

一一佛所，種種菩薩，海會圍繞。127

我以普賢行願力故，起深信解、現前知見。128

悉以上妙，諸供養具，而為供養。

所謂華雲、鬘雲、天音樂雲、天傘蓋雲、天衣服雲、

天種種香、塗香、燒香、末香，如是等雲，

一一量如，須彌山王。

然種種燈，酥燈、油燈，諸香油燈，

129 一一燈炷、如須彌山。一一燈油、如大海水。

134 以如是等，諸供養具，常為供養。

135 善男子！諸供養中，法供養最。

所謂：如說修行供養、利益眾生供養、
攝受眾生供養、代眾生苦供養、勤修善根供養、
136 不捨菩薩業供養、不離菩提心供養。

善男子！如前供養，無量功德，

比法供養，一念功德，百分不及一，千分不及一，
百千俱胝(ㄓ)、那由他分、迦(ㄐㄧㄚ)羅分、算分、數分、
喻分、優波尼沙陀分，亦不及一。 140
何以故？以諸如來，尊重法故。
以如說行，出生諸佛故。
若諸菩薩，行法供養，則得成就，供養如來。
如是修行，是真供養故。 143

此廣大最勝供養，虛空界盡，眾生界盡，眾生業盡，
眾生煩惱盡，我供乃盡。
而虛空界，乃至煩惱，不可盡故，
我此供養，亦無有盡。
念念相續，無有間斷。身、語、意業，無有疲厭。 145
復次，善男子！言懺除業障者， 146
菩薩自念，我於過去，無始劫中，

148 由貪、瞋(ㄔㄣ)、癡，發身、口、意，作諸惡業，無量無邊。

150 若此惡業，有體相者，盡虛空界，不能容受。

152 我今悉以，清淨三業，

徧(ㄅㄧㄢˋ)於法界，極微塵剎，一切諸佛菩薩眾前，

153 誠心懺悔，後不復造，恆住淨戒，一切功德。

如是虛空界盡，眾生界盡，眾生業盡，

眾生煩惱盡，我懺乃盡。

而虛空界，乃至眾生煩惱，不可盡故，
我此懺悔，無有窮盡。
154 念念相續，無有間斷。身、語、意業，無有疲厭。
155 復次，善男子！言隨喜功德者，
所有盡法界、虛空界，
十方三世，一切佛剎，極微塵數諸佛如來。
從初發心，為一切智，勤修福聚，不惜身命，經不可說不可說佛剎(ㄔㄚˋ)，極微塵數劫。
一一劫中，捨不可說不可說佛剎(ㄔㄚˋ)，
極微塵數頭目手足。 156
如是一切，難行苦行，圓滿種種，波羅蜜門，
證入種種，菩薩智地，成就諸佛，無上菩提，
及般涅槃，分布舍利，所有善根，我皆隨喜。 158
及彼十方，一切世界，六趣四生，一切種類，

所有功德，乃至一塵，我皆隨喜。 163

十方三世、一切聲聞，及辟ㄅㄧˋ支佛，

有學無學，所有功德，我皆隨喜。 165

一切菩薩，所修無量難行苦行，志求無上正等菩提，

廣大功德，我皆隨喜。 167

如是虛空界盡，眾生界盡，眾生業盡，

眾生煩惱盡，我此隨喜，無有窮盡。

念念相續，無有間斷。身、語、意業，無有疲厭。168
復次，善男子！言請轉法輪者，169
所有盡法界、虛空界，
十方三世，一切佛剎(ㄔㄚˋ)，極微塵中，
一一各有，不可說不可說佛剎(ㄔㄚˋ)，極微塵數廣大佛剎(ㄔㄚˋ)。
一一剎中，念念有不可說不可說佛剎(ㄔㄚˋ)，
極微塵數一切諸佛，成等正覺，一切菩薩，海會圍繞。171

而我悉以，身、口、意業種種方便，
殷勤勸請，轉妙法輪。173
如是虛空界盡，眾生界盡，眾生業盡，眾生煩惱盡，
我常勸請，一切諸佛，轉正法輪，無有窮盡。
念念相續，無有間斷。身、語、意業，無有疲厭。175
復次，善男子！言請佛住世者，176
所有盡法界、虛空界，

十方三世，一切佛剎（ㄔㄚˋ），極微塵數諸佛如來，
將欲示現，般涅槃者，及諸菩薩、聲聞、緣覺、有學、
無學，乃至一切，諸善知識，我悉勸請，莫入涅槃。
經於一切佛剎，極微塵數劫，為欲利樂，一切眾生。 177
如是虛空界盡，眾生界盡，眾生業盡，
眾生煩惱盡，我此勸請，無有窮盡。
念念相續，無有間斷。身、語、意業，無有疲厭。 179

180 復次，善男子！言常隨佛學者，
如此娑婆世界，毗(ㄆㄧˊ)盧遮那如來，從初發心，
精進不退，以不可說不可說身命，而為布施。
剝皮為紙，析骨為筆，刺血為墨，書寫經典，
積如須彌。為重法故，不惜身命，何況王位、
181 城邑、聚落、宮殿、園林，一切所有。
及餘種種，難行苦行，乃至樹下，成大菩提，

示種種神通，起種種變化，現種種佛身，處種種眾會。

或處一切諸大菩薩，眾會道場，

或處聲聞、及辟支佛，眾會道場，

或處轉輪聖王、小王眷屬，眾會道場，

或處剎利、及婆羅門、長者、居士，眾會道場，

乃至或處天龍八龍、人非人等，眾會道場。

處於如是，種種眾會，以圓滿音，如大雷震，

隨其樂欲，成熟眾生，乃至示現，入於涅槃。184

如是一切，我皆隨學。如今世尊，毗(ㄆㄧˊ)盧遮那。193

如是盡法界、虛空界，

十方三世，一切佛剎，所有塵中，一切如來，皆亦如是。

於念念中，我皆隨學。194

如是虛空界盡，眾生界盡，眾生業盡，

眾生煩惱盡，我此隨學，無有窮盡。

念念相續，無有間斷。身、語、意業，無有疲厭。 195

復次，善男子！言恆順眾生者， 196

謂盡法界、虛空界，

十方剎(ㄔㄚˋ)海，所有眾生，種種差別。

所謂卵生、胎生、濕生、化生。

或有依於地水火風，而生住者。

或有依空及諸卉木，而生住者。

種種生類，種種色身，種種形狀，種種相貌，
種種壽量，種種族類，種種名號，種種心性，
種種知見，種種欲樂，種種意行，種種威儀，
種種衣服，種種飲食，
處於種種村營、聚落、城邑、宮殿。
乃至一切天龍八部、人非人等。
無足、二足、四足、多足。有色、無色。

198

199 有想、無想，非有想、非無想。
如是等類，我皆於彼，隨順而轉。
種種承事，種種供養，如敬父母，如奉師長，
及阿羅漢，乃至如來，等無有異。
於諸病苦，為作良醫。於失道者，示其正路。
於闇夜中，為作光明。於貧窮者，令得伏藏。
206 菩薩如是，平等饒益，一切眾生。

何以故？菩薩若能隨順眾生，則為隨順供養諸佛。

若於眾生尊重承事，則為尊重承事如來。

若令眾生生歡喜者，則令一切如來歡喜。209

何以故？諸佛如來，以大悲心，而為體故。

因於眾生，而起大悲，因於大悲，生菩提心，

因菩提心，成等正覺。211

譬如曠野沙磧(ㄑㄧˋ)之中，

213 有大樹王，若根得水，枝葉花果，悉皆繁茂。
生死曠野，菩提樹王，亦復如是。
一切眾生，而為樹根，諸佛菩薩，而為花果。
215 以大悲水，饒益眾生，則能成就，諸佛菩薩，智慧花果。
何以故？若諸菩薩，以大悲水，饒益眾生，
217 則能成就，阿耨多羅三藐三菩提故。
是故菩提，屬於眾生。

若無眾生，一切菩薩，終不能成，無上正覺。219
善男子！汝於此義，應如是解。
以於眾生，心平等故，則能成就，圓滿大悲。
以大悲心，隨眾生故，則能成就，供養如來。220
菩薩如是，隨順眾生，虛空界盡，眾生界盡，
眾生業盡，眾生煩惱盡，我此隨順，無有窮盡。
念念相續，無有間斷。身、語、意業，無有疲厭。

復次，善男子！言普皆回向者， 221

從初禮拜，乃至隨順，

所有功德，皆悉回向，盡法界、虛空界、一切眾生。 223

願令眾生，常得安樂，無諸病苦。

欲行惡法，皆悉不成。所修善業，皆速成就。

關閉一切，諸惡趣門。開示人天，涅槃正路。

若諸眾生，因其積集，諸惡業故，

所感一切，極重苦果，我皆代受。

令彼眾生，悉得解脫，究竟成就，無上菩提。 224

菩薩如是，所修回向，虛空界盡，眾生界盡，

眾生業盡，眾生煩惱盡，我此回向，無有窮盡。

念念相續，無有間斷。身、語、意業，無有疲厭。 226

善男子！是為菩薩摩訶(ㄏㄜ)薩，十種大願，具足圓滿。

若諸菩薩、於此大願，隨順趣入，

則能成熟一切眾生，

則能隨順，阿耨(ㄋㄡˋ)多羅三藐(ㄇㄧㄠˇ)三菩提，

則能成滿，普賢菩薩諸行願海。

是故善男子！汝於此義，應如是知。

若有善男子、善女人，以滿十方，無量無邊、

不可說不可說佛剎(ㄔㄚˋ)，極微塵數一切世界，

上妙七寶，及諸人天，最勝安樂，

布施爾所，一切世界所有眾生，
供養爾所，一切世界諸佛菩薩，
經爾所佛剎（ㄔㄚˋ），極微塵數劫，相續不斷，所得功德。
若復有人，聞此願王，一經於耳，
所有功德，比前功德，百分不及一，千分不及一，
乃至優波尼沙陀分、亦不及一。
或復有人，以深信心，於此大願，受持讀誦，

乃至書寫，一四句偈，速能除滅，五無間業。

所有世間，身心等病，種種苦惱，

乃至佛剎，極微塵數，一切惡業，皆得消除。

一切魔軍，夜叉羅剎，若鳩槃荼，若毗舍闍，

若部多等，飲血啗肉，諸惡鬼神，皆悉遠離。

或時發心，親近守護。

是故若人，誦此願者，行於世間，無有障礙。

如空中月，出於雲翳。諸佛菩薩，之所稱讚，
一切人天，皆應禮敬，一切眾生，悉應供養。238
此善男子，善得人身，圓滿普賢，所有功德。
不久當如，普賢菩薩，速得成就，微妙色身，
具三十二大丈夫相。239
若生人天，所在之處，常居勝族。242
悉能破壞，一切惡趣，悉能遠離，一切惡友，

悉能制伏，一切外道。243

悉能解脫，一切煩惱，如師子王，摧伏群獸，

堪受一切，眾生供養。244

又復是人，臨命終時，最後剎(ㄔㄚˋ)那，一切諸根，悉皆散壞，

一切親屬，悉皆捨離，一切威勢，悉皆退失。

輔相大臣，宮城內外，象馬車乘，珍寶伏藏，

如是一切，無復相隨。

唯此願王，不相捨離，於一切時，引導其前。

一剎那中，即得往生，極樂世界。 245

到已，即見阿彌陀佛，文殊師利菩薩、普賢菩薩、

觀自在菩薩、彌勒菩薩等。

此諸菩薩，色相端嚴，功德具足，所共圍繞。

其人自見，生蓮花中，蒙佛授記。 248

得授記已，經於無數，百千萬億，那由他劫，

普於十方，不可說不可說世界，
以智慧力，隨眾生心，而為利益。250
不久當坐，菩提道場，降伏魔軍，成等正覺，
轉妙法輪，能令佛剎ㄔㄚˋ，極微塵數世界眾生，發菩提心。
隨其根性，教化成熟，
乃至盡於，未來劫海，廣能利益，一切眾生。251
善男子！彼諸眾生，若聞若信，此大願王，

受持讀誦，廣為人說。
所有功德，除佛世尊，餘無知者。253
是故汝等，聞此願王，莫生疑念，應當諦受。
受已能讀，讀已能誦，誦已能持，
乃至書寫，廣為人說。254
是諸人等，於一念中，所有行願，皆得成就。
所獲福聚，無量無邊。

能於煩惱大苦海中，拔濟眾生，令其出離，
皆得往生，阿彌陀佛，極樂世界。255
爾時，普賢菩薩摩訶ㄏㄜ薩，欲重宣此義，
普觀十方，而說偈言：257
所有十方世界中，三世一切人師子，
我以清淨身語意，一切徧禮盡無餘。
普賢行願威神力，普現一切如來前，

260 一身復現剎塵身，一一偏禮剎塵佛。

於一塵中塵數佛，各處菩薩眾會中，

無盡法界塵亦然，深信諸佛皆充滿。

各以一切音聲海，普出無盡妙言辭，

264 盡於未來一切劫，讚佛甚深功德海。

以諸最勝妙華鬘，伎樂塗香及傘蓋，

如是最勝莊嚴具，我以供養諸如來。

最勝衣服最勝香，末香燒香與燈燭，

一一皆如妙高聚，我悉供養諸如來。

我以廣大勝解心，深信一切三世佛，

悉以普賢行願力，普遍供養諸如來。267

我昔所造諸惡業，皆由無始貪瞋(ㄔㄣ)癡，

從身語意之所生，一切我今皆懺悔。269

十方一切諸眾生，二乘有學及無學，

271 一切如來與菩薩，所有功德皆隨喜。

十方所有世間燈，最初成就菩提者，

274 我今一切皆勸請，轉於無上妙法輪。

諸佛若欲示涅槃，我悉至誠而勸請，

276 惟願久住剎(ㄔㄚˋ)塵劫，利樂一切諸眾生。

所有禮讚供養佛，請佛住世轉法輪，

279 隨喜懺悔諸善根，回向眾生及佛道。

我隨一切如來學，修習普賢圓滿行，
供養過去諸如來，及與現在十方佛。
未來一切天人師，一切意樂皆圓滿，
我願普隨三世學，速得成就大菩提。
所有十方一切刹，廣大清淨妙莊嚴，
眾會圍繞諸如來，悉在菩提樹王下。
十方所有諸眾生，願離憂患常安樂，

283 獲得甚深正法利，滅除煩惱盡無餘。

我為菩提修行時，一切趣中成宿命，

常得出家修淨戒，無垢無破無穿漏。

天龍夜叉鳩(ㄐㄧㄡ)槃(ㄆㄢˊ)茶(ㄊㄨˊ)，乃至人與非人等，

285 所有一切眾生語，悉以諸音而說法。

勤修清淨波羅蜜，恆不忘失菩提心，

滅除障垢無有餘，一切妙行皆成就。

於諸惑業及魔境，世間道中得解脫，
猶如蓮花不著水，亦如日月不住空。287
悉除一切惡道苦，等與一切群生樂，
如是經於剎(ㄔㄚˋ)塵劫，十方利益恆無盡。
我常隨順諸眾生，盡於未來一切劫，
恆修前賢廣大行，圓滿無上大菩提。291
所有與我同行者，於一切處同集會，

身口意業皆同等，一切行願同修學。

所有益我善知識，為我顯示普賢行，

常願與我同集會，於我常生歡喜心。

293

願常面見諸如來，及諸佛子眾圍繞，

於彼皆興廣大供，盡未來劫無疲厭。

願持諸佛微妙法，光顯一切菩提行，

究竟清淨普賢道，盡未來劫常修習。

295

我於一切諸有中，所修福智恆無盡，
定慧方便及解脫，獲諸無盡功德藏。
一塵中有塵數剎，一一剎有難思佛，
一一佛處眾會中，我見恆演菩提行。
普盡十方諸剎海、一一毛端三世海，
佛海及與國土海，我徧修行經劫海。
一切如來語清淨，一言具眾音聲海，

隨諸眾生意樂音，一一流佛辯才海。
三世一切諸如來，於彼無盡語言海，
恆轉理趣妙法輪，我深智力普能入。302
我能深入於未來，盡一切劫為一念，
三世所有一切劫，為一念際我皆入。
我於一念見三世，所有一切人師子，
亦常入佛境界中，如幻解脫及威力。305

於一毛端極微中，出現三世莊嚴剎，

十方塵剎諸毛端，我皆深入而嚴淨。

所有未來照世燈，成道轉法悟群有，

究竟佛事示涅槃，我皆往詣而親近。

速疾周徧神通力。普門徧入大乘力。

智行普修功德力。威神普覆大慈力。

徧淨莊嚴勝福力。無著無依智慧力。

定慧方便威神力。普能積集菩提力。
清淨一切善業力。摧滅一切煩惱力。
降伏一切諸魔力。圓滿普賢諸行力。
普能嚴淨諸剎(ㄔㄚˋ)海。解脫一切眾生海。
善能分別諸法海。能甚深入智慧海。
普能清淨諸行海。圓滿一切諸願海。
親近供養諸佛海。修行無倦經劫海。

313

三世一切諸如來，最勝菩提諸行願。

我皆供養圓滿修，以普賢行悟菩提。 316

一切如來有長子，彼名號曰普賢尊。

我今回向諸善根，願諸智行悉同彼。

願身口意恆清淨，諸行剎(ㄔㄚˋ)土亦復然。

如是智慧號普賢，願我與彼皆同等。 319

我為徧淨普賢行，文殊師利諸大願，

滿彼事業盡無餘，未來際劫恆無倦。

我所修行無有量，獲得無量諸功德，

安住無量諸行中，了達一切神通力。

文殊師利勇猛智，普賢慧行亦復然，

我今回向諸善根，隨彼一切常修學。 321

三世諸佛所稱嘆，如是最勝諸大願。

我今回向諸善根，為得普賢殊勝行。 323

願我臨欲命終時，盡除一切諸障礙，

面見彼佛阿彌陀，即得往生安樂剎（ㄔㄚˋ）。

我既往生彼國已，現前成就此大願，

一切圓滿盡無餘，利樂一切眾生界。

彼佛眾會咸清淨，我時於勝蓮花生，

親覩如來無量光，現前授我菩提記。

蒙彼如來授記已，化身無數百俱胝（ㄓ），

智力廣大徧十方，普利一切眾生界。324

乃至虛空世界盡，眾生及業煩惱盡，

如是一切無盡時，我願究竟恆無盡。327

十方所有無邊剎（ㄔㄚˋ），莊嚴眾寶供如來，

最勝安樂施天人，經一切剎（ㄔㄚˋ）微塵劫。

若人於此勝願王，一經於耳能生信，

求勝菩提心渴仰，獲勝功德過於彼。328

即常遠離惡知識，永離一切諸惡道，
速見如來無量光，具此普賢最勝願。330
此人善得勝壽命，此人善來人中生，
此人不久當成就，如彼普賢菩薩行。331
往昔由無智慧力，所造極惡五無間，
誦此普賢大願王，一念速疾皆消滅。332
族姓種類及容色，相好智慧咸圓滿，

333 諸魔外道不能摧，堪為三界所應供。
速詣菩提大樹王，坐已降伏諸魔眾，
334 成等正覺轉法輪，普利一切諸含識。
若人於此普賢願，讀誦受持及演說，
336 果報惟佛能證知，決定獲勝菩提道。
若人誦此普賢願，我說少分之善根，
337 一念一切悉皆圓，成就眾生清淨願。

我此普賢殊勝行，無邊勝福皆回向，

338 普願沉溺諸眾生，速往無量光佛剎。

爾時，普賢菩薩摩訶(ㄏㄜ)薩，於如來前，

說此普賢廣大願王清淨偈已。

339 善財童子，踴躍無量。一切菩薩，皆大歡喜。

341 如來讚言：善哉！善哉！

爾時，世尊，與諸聖者，菩薩摩訶(ㄏㄜ)薩，

342 演說如是，不可思議解脫境界勝法門時。
文殊師利菩薩而為上首，
諸大菩薩，及所成熟六千比丘。
彌勒菩薩而為上首，
賢劫一切諸大菩薩。
無垢普賢菩薩而為上首，
一生補處，住灌頂位，諸大菩薩，

及餘十方，種種世界，普來集會，

343 一切剎(ㄔㄚˋ)海，極微塵數諸菩薩摩訶(ㄏㄜ)薩眾。

大智舍利弗，摩訶(ㄏㄜ)目犍(ㄐㄧㄢ)連等，而為上首，

諸大聲聞，並諸人天，一切世主，

天，龍，夜叉，乾(ㄑㄧㄢˊ)闥(ㄊㄚˋ)婆，阿修羅，迦(ㄐㄧㄚ)樓羅，

346 緊那羅，摩睺(ㄏㄡˊ)羅伽(ㄑㄧㄝˊ)，人非人等，一切大眾。

348 聞佛所說，皆大歡喜，信受奉行。

妙真法師鑑定

隨身版

華嚴經普賢行願品白話解釋

黃智海演述

大方廣佛華嚴經

解 先解釋經名，再解釋品名，比較容易明白。現在先把經名大略講一講，大方廣佛華嚴經七個字，（華字，讀做花字音，解釋也同花字一樣。）是本師釋迦牟尼佛說的一部佛經的名稱。（釋迦牟尼佛，是我們這個世界上的教主，所以稱為本師。）簡單說，就是華嚴經三個字。但是大方廣和華嚴五個字的意義，都是很深的，解釋起來很複雜，後面**釋**裏，會講明白。

釋 **大方廣**的大字，包括**大**、**多**、**勝**三種道理。

佛的法身，（**法身**，是一切的本體。一切的法，都是自己的心性變現出來的，所以自己的心性，就叫法身。但這也是勉強叫的，因為並沒有身體的形相，所以其實只應該叫法性。佛因為證得了自己的心性，所以佛就證得了法身。佛法大意裏，也有講到法身，可以同時參看。**法**字，在佛經裏，不論什麼事情？什麼東西？什麼境界？凡是有名稱叫得出的，都可以叫做法。

本體兩個字，很難解釋。勉強講，體是體質，就是實在的質地，加一個本字，就是本來有的實在的質地，不是空的。

心性，是眾生本來有的清淨心，也可以叫做自心。自心，是人人天生有的性德。性德，是本性裏天生有的好處。

證得，是本來有的智，能夠和真實的理，合起來的意思。這個得字，是到了什麼地步的意思，不是有什麼東西得到的意思。所以不可以說得，只可以說證。）**大到無量無邊的，所有一切一切的境界，法身都周遍布滿的，這是用大字的道理。**

佛的種種智慧，又多、又高，到無窮無盡的，叫做一切種智。（明白見到一切的法，是一個真空的理性，沒有兩種相的，叫做一切智。能夠從一法裏推展開來、悟到一切法、都是非空非有，不可思議的道理，叫做一切種智。在朝暮課誦白話解釋卷首的佛法大意裏，也有一切種智的解釋，可以一起看看。

相字，是形相的相。不可思議四個字、是不可以用心思來想、言語來說的意思。）**這是用多字的道理。**

佛證得最勝的妙法，超過菩薩的境界，能夠教化度脫一切眾生，使他們自由自在，沒有一點阻礙，這是用**勝**字的道理。

方字、是軌則的意思。（軌，是車輪行的路，像電車，應該在電車軌道上行，火車應該在火車軌道上行，不依軌道亂行，車就有翻倒的危險。譬如真實的道理，是一切眾生應該行的軌道，若不依照真實的道理修行，就有墮落的危險。）

佛經的意義，又多、又深，不可以用尋常的見解來猜測，這叫做**廣**。

若照講經法師的講法，那就一定要把大方廣三個字，分體、相、用三種道理來講了。但是道理太深，初學佛法的人，不容易明白。所以我現在雖然也學法師的講法，分體、相、用三種道理來講，但是只用淺近的說法，大略講講。先把大方廣三個字，合併起來講，其實就是說佛和眾生的心性，是同體的。（同體，是質地相同的意思，譬如說水和波，或是水和冰，雖然看起來形相是不同的，但是實在的質地，還是一樣，沒有絲毫分別，所以叫同體。）

有人問佛和眾生，既然是同體的，為什麼佛是佛，眾生是眾生呢？這是因為迷悟、染淨不同的緣故。佛的心是清淨的、覺悟的。眾生的心是染污的、迷惑的。所以佛和眾生，就隔絕得天高地遠了。染污，就是不清淨。）

心性能夠包含十方，周遍**法界**。（界字，有種子和界限兩種意思。一切法都依了法界才有的，所以叫法界。又是統攝一切法的，一切法都依法界做界限，所以叫法界。譬如佛的境界，就叫**佛法界**。地獄的境界，就叫**地獄法界**。從佛道起、菩薩、緣覺、聲聞、天、人、阿修羅、畜生、餓鬼、地獄、總共十道，就叫**十法界**。）心性的大，沒有東西可以比喻。

若是把大方廣三個字分開來講。

大字，是**心性的體**。這個心性，清清淨淨，沒有絲毫染污，沒有忽然生長，忽然消滅的變遷，也沒有過去和將來的分別，能夠統攝一切的法。（攝字，是收的意思。統攝，是說所有一切的法，都能收攝，）所以這個體的大，簡直可以說是包含十方，周遍法界了。

方字，是**心性的相**，也可以說是心性的**量**。這個相，比虛空還要大，虛空、可以說有邊際。這個相不可以說有邊際。所以這個相的大，實在是豎窮三世，

橫遍十方了的。（過去世、現在世、未來世，是一直下來的，所以叫**豎**。東、南、西、北四方，東南、西南、東北、西北四角，和上方、下方，是從周圍推開去的，所以叫**橫**。三世的過去世，是儘管可以推上去。未來世，是儘管可以推下去，哪裏會有窮盡呢？現在偏偏說要窮盡。四方、四角、上下，是儘管可以推出去，哪裏能夠周遍呢？現在偏偏說要周遍，那是形容大到不可以再大的意思。）

廣字，是心性的用。（用字，是作用的意思。）心性作用的力量，能夠立**一切法，**（立字，是造的意思。不論什麼法，都是這個心造出來的，所以叫心性能夠立一切法。）**能夠包含十法界，**（十法界，是佛界、菩薩界、緣覺界、聲聞界、天界、人界、阿修羅界、畜生界、餓鬼界、地獄界，心能夠包含十法界，就是說十法界都在人的心裏。一心修一切功德，完全圓滿，就成佛。一心修六度萬行，就成菩薩。一心修十二因緣，就成緣覺。一心修四諦，就成聲聞。一心修上品十善業，就生天道。一心修中品十善業，就生人道。一心修下品十善業，就生阿修羅道。犯下品十惡業的，生在畜生道。犯中品十惡業的，生在餓鬼道。犯上品十惡業的，生在地獄道。六度萬行、十二因緣、緣覺、四諦、聲聞、上、中、下十善業、上、中、下十惡業的詳細解釋，在《阿彌陀經白話解釋》裏，「皆是大阿羅漢」一節下面都有。）能夠具足三千法。（具足，是完全的意思。三千法，是從前的大法師所定，說所有一切的法，都可以用三千當作單位來包括。）所以心性作用的力量，不是心思所能夠推想得到，說話所能夠形容得盡。

佛字，是梵語，翻譯成中文，是一個覺字，就是覺悟的意思。能夠完全覺悟，沒有一點點的迷惑，就成佛了。（完全覺悟，沒有一點點迷惑，是徹底的覺悟，徹底消滅了迷惑。那是一定要修的功夫，修得很深很深，才能夠到這種境界，不是凡夫可以隨便擔當的。）

華字，是譬喻。因為不論什麼東西，都沒有像花那樣的光明淨妙，有色有香，又能夠結果實。所以拿花來題做經名，就是譬喻佛在因地的時候，所修的種種功德。（凡是佛經的名稱，都是用人、法、喻、三種來題的。佛同菩薩，都是**人**，所以把佛菩薩的名號來做經的名，就歸在人的一類裏。**法**，是佛法的名稱。凡是把佛法來做經名的，就歸在法的一類裏。**喻**，是譬喻。把一種很淨妙寶貴的東西，來譬喻這部經的種種好處，並且拿來題做經名，就歸在喻的一類裏。

因字，是根本和種子兩種意思，所以說修行是成佛的因，作孽是落地獄的因。地字，可以說就是地位。因地，可以說在修佛因時候的地位。）佛把這種像花一樣光明淨妙的修德，來莊嚴果地。（修德，是在修行時候修的種種功德。**莊嚴**，是又端莊又尊嚴的意思。說得粗淺些，就是裝飾，但是這個裝飾，是用功德來裝飾，不是用物品來裝飾。果字，就是因果的果。果地，就是已經結成了果的地位。）

又佛在果地上所具足的萬德，（萬德，也就是種種的功德。用一個萬字，是形容功德的多。）也像花一樣的光明淨妙。

佛又把像花那樣的種種功德來莊嚴法身，所以叫**華嚴**。又大方廣是法。佛是人。華嚴是喻。這六個字的經名，是人、法、喻具足的了。

這部華嚴經、是本師釋迦牟尼佛成道後，說法時第一個時期說的。（佛成道後，說法四十九年，分做五個時期。這五個時期的說法，佛教的各派，各有不同的講法。現在講佛法最通行的，是天台宗，所以就依照天台宗的說法，大略講講。天台宗把佛一代的說法，分做五個時期。

第一個時期，就叫**華嚴時**。因為佛成道後，說法二十一日說完的，就是這部華嚴經。所以依照了所說的經名，定了說法的時期，叫做華嚴時。

第二個時期，是說了華嚴經後十二年間，在鹿苑地方說的，就把這個地名，做時期的名稱，所以叫做**鹿苑時**，也可以叫**阿含時**。因為佛說華嚴經的時候，道場裏，有許多小乘根機的人，聽了都不懂，所以在鹿苑地方，就專門說阿含經、四十二章等小乘經。

第三個時期，是在說阿含經之後八年間說的，又說大乘經，像維摩經、勝鬘經，一類的經，叫做**方等時**。方字，同大方廣佛華嚴經的方字，一樣的意思。佛在這個時期，大講藏、通、別、圓四教的道理，是大乘、小乘、利根、鈍根平等通行的軌道，所以叫做方等時。

第四個時期，是在說方等之後二十二年間說的，所說的是各種般若經。般若，是梵語，翻譯成中文，是智慧兩個字。這種經，都是講智慧和義理的，這就依經題做時期的名稱，所以叫做**般若時**。

第五個時期，又在說般若經後，用八年的時間，說法華經，用一日一夜的時間，說涅槃經，也就依了經題做時期的名稱，所以叫做**法華涅槃時**。

天台宗，簡單說，就叫台宗，是從前的大德智者大師，立出這個天台宗的一派來。因為智者大師住在浙江的天台山，所以就叫天台宗。智者大師起初跟了南嶽慧思禪師學佛法，讀法華經，研究的功夫很深很精，得到了法華經的大利益，講起佛法來，沒有人能夠勝過他。法華經精妙的道理，他都能夠明明白白講出來，所以又叫法華宗。

天台派的大祖師，把佛法分做**藏**、**通**、**別**、**圓**四教。藏教是小乘法，通、別、圓三教，都是大乘法，但是一教比一教深，一教比一教高。圓教，是佛法裏最圓滿最高深的教，在《朝暮課誦白話解釋》大懺悔文裏，有詳細解釋。）

唐罽賓國，三藏般若奉詔譯

解

唐，是離現在一千多年前，中國一個朝代的名稱。

罽賓，是一個國名。

般若，是翻譯這一部華嚴經法師的名號。佛經都是用梵文寫的。（梵文、就是印度文，因為佛和編集佛經的人是印度人，所用的文字，都是印度文。）

譯，是翻譯，就是把印度的文字，翻譯成中文。

般若法師遵照唐朝代宗皇帝的旨意，翻譯這部華嚴經。

釋

罽賓國，在北印度，也可以叫北天竺。（印度國地方很大，全國分做東、南、西、北中五大區，叫東印度、南印度、西印度、北印度、中印度，合併起來，可以叫五印度，也可以叫五天竺。）

三藏，是經藏、律藏、論藏。（藏字、要讀第四聲，是包藏的意思。）

經藏，是佛說的各種經。

律藏，是講出家人和在家的修行人，應該守的各種戒法，像我們在家人，應該守國家的法律一樣。

論藏，是專門講許多佛法道理的書。

這一位法師所以稱他三藏般若，是因為他精通各種經、各種律、各種論的緣故。唐代宗皇帝很信佛法，想把印度的佛法，傳到中國來，所以請了罽賓國的般若法師到中國來，把這部華嚴經翻譯成中文。

入不思議解脫境界普賢菩薩行願品

解

入字，本來是進去的意思。這裏的入字，是了解、開悟到真實道理的意思。

不思議，是心思想不到，言語說不盡的意思。

解脫，是自由自在無拘無束的意思。（解字，是明白了解的意思。）**解脫境界**，是已經了脫生死，永遠不會再到有生死的境界裏去了。

行願的**行**字，是修的功夫，修的功德。**願**字，是發的願心。

品字和**類**字，兩者差不多，是專門說一種法，或專門說一件事情，就叫一品。說什麼法？說什麼事情？就叫什麼品。這一品所說的，都是普賢菩薩所修的功行、所發的大願，所以就叫行願品。

釋

一個人能夠一點也沒有拘束，永遠了脫生死，才可以稱做解脫。解脫的境界，（這個境界兩字和程度的意思差不多，也可以說就是地位。修行一定要修到這種程度、這種地位，才能夠現出這種境界來。）是有分別的，有高、有低，有深、有淺，有大、有小，有永久、有暫時，種種的不同。現在是有意想不到的解脫境界，那一定是高的、深的、大的、永久的，一定不是低的、淺的、小的、暫時的。

譬如就事相來講，一定是廣大到沒有邊際的，（邊際，就是俗話說的無邊無岸，沒有限制的意思。）所以能夠稱做不思議。若就理性來講，一定是理性高深到沒有窮盡的，才能夠稱做不思議。或是理和事，各不妨礙，所以稱不思議。或是性和相，（這個相字，就是形相。）都可以融通的，（融通，是可以和合起來，沒有阻礙的。）所以稱**不思議解脫**。

到了可以稱做不思議的解脫，那絕不是尋常的解脫了。一定要像普賢菩薩，那樣的大菩薩，（菩薩的位子，有**十信位**、**十住位**、**十行位**、**十回向位**、**十地位**、**和等覺**、**妙覺**、總共**五十二位**。等覺菩薩相較於佛，已經有差不多相同的覺悟，在菩薩裏，是最高的位子。妙覺，就是佛了。登地，是登了十地位的，不論登那一位，都稱登地菩薩。）才能夠有這樣奇妙的境界。

普賢菩薩的**普**字、是普遍沒有遺漏的意思。就是說佛法裏，所有種種精深高妙的道理，普賢菩薩完全透徹明白，沒有一點點不清楚。普賢菩薩又把自己所修的十個大願的功德，完全回向眾生，（回向，不把所修的功德歸到自己身上去，把功德回歸到眾生身上去，在《朝暮課誦白話解釋》裏講得很詳細。）希望所有一切的眾生，一起往生到極樂世界去。將來各個眾生，都能夠成佛，沒有一個眾生，留在這個苦惱的世界上受苦。普賢菩薩的憐憫眾生，救度眾生，就是這樣的普遍。他所發的願心、所修的功德，竟然要普遍到所有一切的法界眾生，使大家都得到很大很大的利益，所以稱普。

賢字，是因為普賢菩薩修到的果位，已經是等覺菩薩，和佛的果位，只差一級，所以稱賢。（賢比聖，只低一級，所以也可以稱亞聖，亞字本來是差一點的意思。所以亞聖，就是比聖低一級的地位。）

這一品經文，是普賢菩薩說他自己所發的不得了的十個大願心。普賢菩薩所修的，也就是修這十個大願心，所以叫行願。要曉得行和願兩件事情，不可以少一件的。若沒有願，只有行，那修的功夫，就浮泛不切實了。若沒有行，只有願，那就沒有修的功夫，怎麼能夠滿這個願呢？所以行和願，是相聯不可以分開的。

這一品經文，是說普賢菩薩發的十大願心，又說普賢菩薩修的功德，所修的就是普賢菩薩所發的十大願，而不說別的事情。所以專門立一品，就叫做**行願品**。

又因為願心是普賢菩薩發的，發了這個願心，又是普賢菩薩自己修的，所以切切實實的叫**普賢行願品**。

入字，也可以說這本普賢行願品的精妙，簡直是進到不可以用言語來稱讚，不可以用心念來想像的地位了。

全部華嚴經，總共有四十卷，行願品是最後一卷，也叫**入法界品**。現在稱做入不思議解脫境界普賢行願品，是依照般若法師的譯本。

爾時，普賢菩薩摩訶薩，稱嘆如來，勝功德已，告諸菩薩，及善財言：

解

爾時，是那個時候，就是佛說法的時候。

菩薩摩訶薩，是梵語，完整說起來，應該說菩提薩埵摩訶薩。菩提，是覺悟的意思。（覺，就是不迷。悟，就是醒悟。不但是自己覺悟，還要使眾生覺悟的意思。薩埵，就是眾生。摩訶，是大。菩薩摩訶薩五個字，合起來說，是覺悟眾生的大菩薩。簡單講，就是大菩薩三個字。）

稱字，稱讚的意思。

嘆字，有兩種解釋。一種是心裏不快活，所以嘆氣。一種是非常快活，發出一種又佩服、又稱讚的聲音來。這一個嘆字，就是發了又佩服、又稱讚的聲音。

如來，是佛十種德號裏的第一種德號。（德號，是有了種種的功德，才得到這種名號。）

勝字，是極好、極大的意思。

已字，是停止完結的意思。

告字，是告訴的意思。

釋 普賢菩薩聽到了釋迦牟尼佛說的種種佛法，（後面再說到釋迦牟尼佛，就簡單稱一個佛字了。）覺得實在精妙極了，所以說了許多偈，（偈字，是梵語，也可以叫伽陀，翻譯成中文和稱頌的頌字是一樣的意思。在行願品以前的各品裏，普賢菩薩聽了佛說法後，每品都有偈稱讚佛的功德。

佛經裏的句子，有兩種。一種叫**長文**，句子有長有短，不整齊。一種叫偈，也可以叫**偈言**，那是在一個偈裏的句子，長短都是一樣的，有的是三個字一句的，有的是四個字、或是五個字、七個字一句的。

凡是說偈，都是讚嘆稱頌佛的功德用的。頌字，也是稱讚的意思。又偈字，還可以翻譯成歌字。）稱頌讚嘆佛的功德。功德上加一個勝字的意思，是說這種功德，不是尋常的功德，是勝過其他的功德。普賢菩薩稱頌讚嘆完了後，向華嚴會上聽佛說法的許多菩薩，和當機的善財童子，說下面種種修行願的方法和道理。（凡是佛在法會說法的時候，許多聽法的人裏，一定有利根的人，也有鈍根的人。佛所說的法，一定有和他們的根機很相對的，也一定有和他們的根機不相對的。根機相對的人裏，還有淺近的對機，也有深切的對機。這個**對機**最深切的人，就叫**當機**。

每次的法會，一定有一個最當機的聽法人。在這華嚴會上，聽法的人，像海水那樣的多，當機的絕不只善財一個人，但要推善財為第一個當機的人，所以普賢菩薩特別提出善財，向他說法。

在福城地方，有一位長者，有五百個童子，善財就是五百個童子裏的一個。善財生的時候，有種種珍奇的財寶，自然而然的在地下湧現出來，這是因為善財有很大福報的緣故，善財怎麼會有很大的福報呢？因為善財所積的善功德很多，所以就提他的名號，叫善財。

在那個時候，文殊師利菩薩，在福城的東邊，叫莊嚴幢安羅林裏說法。善財到文殊師利菩薩那裏聽法，就發了大心，遵依文殊師利菩薩的教導，一直向南方前去，參拜五十三位善知識，就是大家說慣的**善財童子五十三參**。第二十八次參的，是在紫竹林的觀世音菩薩。最後一次參的，是普賢菩薩。因為善財第一次參的，是文殊師利菩薩，最後一次參的，是普賢菩薩，兩位都是大菩薩。所以說起度善財的菩薩，總是說文殊師利和普賢兩位大菩薩。

利根，是根機很聰明的人。**鈍根**，是根機很愚笨的人。**對機**，是和這個人性情資質都很相近的意思。凡是道德高，年紀大，或是學問深的人，大家都尊重他，稱他**長者**。**福報**，是有福的報應。**發大心**，是發成佛的心。）

善男子！如來功德，假使十方，一切諸佛，經不可說不可說佛剎，極微塵數劫，相續演說，不可窮盡。若欲成就，此功德門，應修十種，廣大行願。

解

在佛法裏，佛對學佛聽法的男人，都稱他們**善男子**。對學佛聽法的女人，都稱他們**善女人**。

假使兩個字，和倘若、若是、如果、等各種意思，都差不多。

經字，是經過的意思。

不可說不可說，是一個極大數目的名稱。

剎字，是梵語，沒有翻譯過中文，還是用這個剎字。剎字的意思，就是地土。佛剎，就是佛所住的國土。

微字，是細小的意思。

微塵，是極小、極細的灰塵。

極微，是一個極細小的單位名稱。極微的七倍，叫金塵。金塵的七倍，叫水塵。水塵的七倍，叫兔毛塵。兔毛，是各種毛裏面最細的，但它是極微的三百四十三倍。可見，這極微的細小，就可想而知了。

劫字，是計算年代極大的名稱。（下面釋「裏」，就會講明白。）

相續，是接連不斷的意思。

說字上面、加一個**演**字，是不但是口說，還有做出手勢來的意思。

窮盡，是完結和到底的意思。

成就，是成功的意思。

釋

普賢菩薩在沒有說法之前，對許多聽法的菩薩和善財先叫了一聲善男子，（善男子，包括比丘、沙彌、優婆塞、居士。

比丘，是出家受具足戒的男子。**沙彌**，是出家受十戒的男子。**優婆塞**，是在家受五戒的居士。**居士**，是普通學佛的男子，在家信佛修行的人。

具足，是完全的意思。比丘的具足戒，是二百五十條。

此處只叫善男子，不叫善女人的原因，到後面有釋明的。善女人的詳細解釋，也寫在後面）**就接上去說道：佛的功德，倘使十方一切的許多佛，把不可說不可說的佛剎**，（一個佛剎，在佛經裏，叫**三千大千世界**，就是一尊佛所教化世界。每一個三千大千世界，有一千個中千世界。每一個中千世界，有一千個小千世界。

每一個小千世界，直的講，從地獄起，一直向上，經過我們頭頂上的忉利天，一直要到第九層大梵天。在這一個小千世界，有一個日，一個月，一座須彌山。山的外面，有七道香水海，七座金山，再外面有一道鹹水海，海上面有四個大洲。東邊的叫東勝神洲，南邊的叫**南贍部洲**，就是我們現在所住的地方，西邊的叫西牛貨洲，北邊的叫北俱盧洲。海的外面，就是鐵山。

像這樣許多的天，許多的山，許多的海，是一個小千世界。）**都化成像微塵那樣的細小**，（譬如拿一撮泥土，磨成像微塵那樣細的粉，已經沒有方法來數了，也沒有數目的名稱來記數了。何況用不可說不可說的佛剎，來磨成像微塵那樣的細小呢？）這個數字，多得哪裏還有方法來計算呢？何況還要用這樣多的數字，來比喻劫數的長久。（劫，有大劫、中劫、小劫三種分別。

一個**小劫**，是人的壽命，從最短只有十歲的時候算起，每過一百年，加一歲，加到八萬四千歲。再每過一百年，減一歲，仍舊減到十歲，像這樣的加一回，減一回，總共是一千六百八十萬年。叫一個小劫。

一個**中劫**，有二十個小劫，就是三萬三千六百年。

一個**大劫**，有四個中劫，就是十三萬四千四百萬年。

這裏的劫數，和前面的三千大千世界，詳細的情形，在《阿彌陀經白話解釋》裏，「從是西方過十萬億佛土」一句經文，和「於今十劫」一句經文底下，都有詳細註解。）這種說法、我們凡夫哪裏能夠推想得到呢？

何況在這樣長久到無窮無盡的時期裏，天天不斷的演說呢？照這樣長久的時期，演講佛的功德，還是演講不完哩！

所以現在聽佛法的大眾，要修成佛這樣的超勝奇妙的功德，應該要像我修的十種廣大的行願，從性德上發出十個大願，（性德，是心性裏本來有的好處。

照文理說，這個德字，若照俗語講起來，就是好處。下面的修德，就是修的功德。）又依照了所發的大願，養成了深切的修德，那麼這種超勝奇妙的大功德，自然可以成功了。

何等為十？
一者禮敬諸佛，二者稱讚如來，三者廣修供養，
四者懺悔業障，五者隨喜功德，六者請轉法輪，
七者請佛住世，八者常隨佛學，九者恆順眾生，
十者普皆回向。

解釋

這一段，是普賢菩薩接前面說的**十種行願**，把一種一種的行願，都說出來了，像一篇文章的題目，後面會詳細的講明白。

普賢菩薩在前面只說了十種廣大行願，並沒有說明白是哪十種？當時聽法的人，一定都急著要曉得，所以普賢菩薩又接上去說道：我上面說的十種廣大行願，是哪十種呢？普賢菩薩就自問自答的把十種廣大行願，一種一種的名稱，都說出來了。（下面普賢菩薩回答善財提問時，會講明白。）

善財白言：大聖！云何禮敬，乃至回向？

解

白字，本來就是白話，這裏是問的意思。但是這個白字，是對上面說的，就是對比我高位的人說的。

言字，就是說的意思，也可以當做說話的意思。

大聖，是稱普賢菩薩，是極恭敬的稱呼。

云何，是怎樣說法的意思。

乃至，是簡便的說法，用乃至兩個字，就可以從「一者，稱讚如來」起，一直到「九者，恆順眾生」八句，都包括在裏面，省得一一再提出來了。

釋

善財聽了普賢菩薩把十種大願，一一都說出來了，又想要問十種大願的意思，和修行的方法。所以先稱了普賢菩薩一聲大聖，就接上去問道：怎麼樣叫禮敬諸佛、稱讚如來、廣修供養、懺悔業障、隨喜功德、請轉法輪、請佛住世、常隨佛學、恆順眾生、普皆回向？善財在華嚴會上，是當機的聽法人，哪裏會不明白這十種大願的道理呢？善財所以會問普賢菩薩，那是怕法會裏，許多聽佛說法的大眾，不免有根機愚鈍的人，不能夠完全明白，所以特地這樣的問一遍。普賢菩薩就可以趁他問的機會，詳細的解說清楚，使法會裏的聽眾，（聽眾，是聽佛說法的大眾。簡單說，就是聽眾兩個字了。）不用說利根的人了，即使是鈍根的人，也都會明白了。

普賢菩薩，告善財言：善男子！言禮敬諸佛者，

解

告字，本來是告訴的意思，但是用在這裏，是教的意思，是教善財知道什麼是十大願。

禮字，是對佛行種種恭敬的儀式，（儀式，是行各種禮的樣子。）也可以說種種恭敬的禮節。

敬字，是端端正正把一切妄想雜念，（妄想，就是虛假的念頭。雜念、是種種雜亂的念頭。）完全收藏起來，沒有一點怠慢的意思、昏沉的樣子。

諸字，本來是許多的意思，但是這裏的諸字，不是平常說的許多，是多到不可以說的。看了下面說明，就會明白。

釋

普賢菩薩因為問的是善財，所以先叫一聲善財，再把一種一種的大願教他。但是開口問的，雖然只有善財一個人，不過在法會裏聽法的大眾，哪

一個不想問？哪一個不想聽普賢菩薩的詳細演講呢？在普賢菩薩的心裏，也絕不只是教善財一個人的，一定是教法會裏所有聽法的大眾，所以又叫一聲善男子。這一聲善男子，就不單單指善財，而是指所有法會裏無窮無盡的聽眾，全部都包括在裏面。

普賢菩薩叫了一聲，就接上去說道：我所說的禮敬諸佛的**禮**字，是敬佛的禮貌。敬佛有三種敬法，像合掌、低頭、曲躬、（躬，是身體。曲躬，就像現在通行的鞠躬禮。）俯伏、（是把整個身體，伏在地上。）反掌、（是把兩手翻轉，手心向上。）頂禮、（是把頭臉著地。）接足、（是把兩手放在自己頭的兩面，手心向上，像接佛的兩足的樣子。）像這樣的種種禮貌，都是從身體上做出來的，所以叫**身業**。（在佛法裏，凡是做的事情，都叫業。善事就叫善業，惡事就叫惡業。）

敬，是在禮佛的時候，只有一片至誠懇切清淨的心，沒有一點點胡思亂想、散亂昏沉的心，夾在裏面。這是完全從意思裏發出來的，所以叫**意業**。

一面行禮，一面專心誠意的念佛，就是**口業**。

這身、口、意三種業，一定要完全做到了，才可以稱做**禮敬**。

倘若只有行禮的形式，沒有恭敬的誠意，或是並不念佛，那就只有身業，沒有口業、意業了。或是雖然有身業、口業，但是心不清淨，胡思亂想，那就沒有意業了。三業不齊全，不能夠稱做禮敬，要切切實實做到禮敬，一定要照下面所說的種種禮敬的方法，才可以得到禮敬的利益。

還要曉得禮敬諸佛，不只是禮敬一尊佛、二尊佛、三、四、五尊佛，一定要禮敬無數的佛。究竟要禮敬多少的佛，下面就會說明白。

所有盡法界、虛空界，十方三世一切佛剎，極微塵數諸佛世尊，

解

界字，是界限的意思。**法**字，在佛經裏，不論什麼東西？什麼事情？什麼境界？只要有名稱可以叫得出，都可以稱做法的。所以不論什麼界？都可以稱**法界**。一種法，可以稱一法界，概括萬有，（概括就是包括的意思。萬有，是不論什麼無窮無盡的法，都包括在裏面。）都可以稱一法界。

十方，是東、南、西、北四方，東南、東北、西南、西北四角，和上方、下方，橫向說的。

三世，是過去世，現在世，未來世，這是直向說的。

世尊，是佛十種德號裏的一種，就是世界上大家都尊敬的意思。

釋 佛剎的大，前面已經詳細說過，真是大得唬人。現在說的佛剎，不是一個佛剎，也不是一方的佛剎，竟然是盡法界、盡虛空界所有的佛剎。還不是盡一方的法界、一方的虛空界，竟然是盡十方的法界、十方的虛空界。並且還不是盡一世裏所有的法界、一世裏所有的虛空界，還要盡三世裏所有的法界、三世裏所有的虛空界。

要曉得法界、虛空界、過去世、未來世、哪裏會有窮盡？依照沒有窮盡講起來，這樣的廣大，這樣的長久，已經不是我們凡夫的心量，所能夠推想得到的了。何況所有盡十方的法界、盡十方的虛空界的佛剎，還有盡三世的十方法界的佛剎、盡三世的十方虛空界的佛剎，像這樣多的佛剎，哪裏是我們凡夫所能想得到的呢？

這還不算數，還要把這樣多的佛剎，化到像微塵那樣的小。佛的數目，竟然有這樣的多。像這樣多的佛，倘若不是佛菩薩說的，我也絕不會相信的。哪裏曉得普賢菩薩所禮敬的佛，竟然有這樣的多。這種功德，那還得了嗎？普賢菩薩一個身體，用什麼方法，能夠禮敬到這樣多的佛？下面就會講明白。

我以普賢行願力故，深心信解，如對目前。

解

深心，是心思用得很深切，不是只在浮面的意思。

解字，是明白了解的意思。

釋

眾生都是迷妄、不覺悟的。所以佛雖然那樣的多，但佛還是佛，眾生還是眾生，大家是隔絕的，眾生不能夠見到佛的。我因為依靠了普賢行願的法力，（這個普賢兩個字，是普賢菩薩自己稱自己，其實是說行願的力量。這裏加上了普賢兩個字的德號。那時候，這普賢行願四個字，已經成了一個修行的名詞了。）能夠深切相信了解，能夠明瞭，所有一切無窮無盡的佛，都像在我眼前，看得清清楚楚。

悉以清淨身、語、意業，常修禮敬。

解 悉字，是完全的意思。

釋 普賢菩薩在無窮無盡、沒有數目名稱可以計算的佛面前，身拜佛、口念佛、意想佛、都是用一片恭敬至誠的心，沒有一絲一毫的妄念夾雜在裏面。所以叫完全用清淨的身、口、意三業，常常修禮敬諸佛的功德。說到**常修**，是時時刻刻修的，沒有間斷的時候。

一一佛所，皆現不可說不可說佛剎，極微塵數身。一一身，徧禮不可說不可說佛剎，極微塵數佛。

解釋

所字，是地方的意思。

佛所，就是佛所住的地方，也可以說就是佛的面前。

一尊一尊佛的面前，都現出無數（不可說不可說）的佛剎，（不可說不可說，是一個極大極大數目的名稱。）化成極細的粉，那麼多的普賢菩薩的身相。（身相，就是身體的形相。）

一尊一尊普賢菩薩的身相，都去周遍禮敬無數（不可說不可說）的佛剎，化成極細的粉，那麼多的佛。

前面是說普賢一尊菩薩身體之前，現出無窮無盡的佛來，現在又說無窮無盡佛的面前，現出無窮無盡的普賢菩薩的身相來。

虛空界盡，我禮乃盡。

解 這裏只用一個禮字，是表示禮敬的意思。

釋 這兩句是反說的。其實是說虛空的界限，是無窮盡的，我的禮敬，也是無窮盡的。反過來說，虛空的世界，如果有窮盡，我的禮敬，也就可以窮盡了。（禮敬窮盡，是說禮敬也停止了。）下面的兩句，是正說了，而不是反說的。

以虛空界，不可盡故，我此禮敬，無有窮盡。

解

以字，是因為的意思。

釋

這兩句是正說的，因為虛空界是沒有窮盡的，所以我這個禮敬，也是沒有窮盡的。

如是乃至，眾生界盡，眾生業盡，眾生煩惱盡，我禮乃盡。而眾生界，乃至煩惱，無有盡故，我此禮敬，無有窮盡。

解

如是，是像這樣子的意思。這裏用如是兩個字，就是說上面虛空界不可窮盡，我的禮敬也沒有窮盡的。

這裏的**乃至**兩個字，應該包含下面三句，眾生界盡，我禮乃盡。眾生業盡，我禮乃盡。眾生煩惱盡，我禮乃盡。用了乃至兩個字，可以少用兩句我禮乃盡，就簡便多了。

釋

像上面所說的虛空界沒有窮盡，我的禮敬也沒有窮盡，照這樣說起來，一直要到眾生界窮盡了，眾生的業窮盡了，眾生的煩惱窮盡了，我的禮敬，才可以停止，不再修了。

但是要曉得眾生界，怎麼會窮盡？眾生的業，又怎麼會窮盡？眾生的煩惱，也怎麼會窮盡？

眾生就因為有業、有煩惱，才做了眾生。若眾生沒有業、沒有煩惱，也早就成了菩薩，早就成了佛了，哪裏還有眾生呢？

既然有眾生，眾生就不會沒有業，也不會沒有煩惱。

眾生的業，不會窮盡，眾生的煩惱，不會窮盡，所以眾生也就不會窮盡。

因為眾生、眾生的業、眾生的煩惱，都不會窮盡的緣故，所以我的禮敬，也永遠不會窮盡。

念念相續，無有間斷。身、語、意業，無有疲厭。

解

相續，是一個念頭過了，又來一個念頭。一個念頭、一個念頭接續而來的。

間斷是修修停停的意思。和相續兩個字，恰巧相反的。

疲字，就是疲倦。

厭字，就是厭煩。

釋

禮敬的念頭一個過了，又來一個，永遠接連下去，永遠沒有間斷。身、語、意三種業，永遠至誠恭敬的修下去，沒有一點疲倦，也沒有一點厭煩。

復次，善男子！言稱讚如來者，

解

復次兩個字，是第二的意思，也可以說是再有的意思。**如來**，也是佛十種德號裏的一種。

釋

普賢菩薩講完了第一大願禮敬諸佛後，接下來向法會裏的許多聽眾和善財，講第二大願。仍舊先叫了一聲善男子道：講到稱讚如來，究竟稱讚些什麼呢？

稱，是稱揚佛度眾生的功，高到不得了。**讚**，是讚嘆佛修種種的德，大到不得了。那稱讚佛的功德，究竟要怎樣的稱讚呢？

所有盡法界、虛空界，十方三世，一切剎土，所有極微，一一塵中，皆有一切世間，極微塵數佛。一一佛所，皆有菩薩，海會圍繞。

解

剎土，就是佛剎。

佛所，就是佛住的地方。

會，是法會，是佛說法的地方。會字上面加一個海字的意思，是譬喻這個法會的地方，像海那麼的大，聽眾像海水那麼的多。

圍字，是四面圍攏過來。

繞字，同圍字的意思差不多。

釋

盡法界、虛空界、十方、三世、一切剎土，前面都已經解釋過，不必再多講了。

所有極細極小的一粒一粒的灰塵裏，（灰塵，本來已經是極小極小的東西，我們的肉眼，已經看不出，哪裏還有什麼叫做粒呢？實在沒辦法說，只好姑且用一個粒字來說了。）都有一切世界，化成極細小的灰塵那麼多的佛在其中。在一尊一尊佛的面前，都有許多聽法的菩薩，和極大的法會，圍繞在那裏。但是眾生迷惑太深，業障太重，（業障兩個字，在下面「懺悔業障」一段裏，會講明白。）所以儘管無窮無盡的佛呈現在面前，還是被迷惑、被業障隔住了，不能夠看見。

我當悉以，甚深勝解、現前知見。

解 這個**解**字，是明白，能夠分別、能夠決定的意思。加上一個**勝**字，是說這種明白、分別、決定，是**殊勝**的，（殊勝、就是特別的好。）不是平平常常的。

現前，就是眼前的意思。

一個人能夠把世界上所有一切的一切，分別好的、壞的、喜歡的、討厭的、全是這個識在那裏分別的。用意思來分別的，叫**意識**。用眼來分別的，叫**眼識**。用意識來辨別一切，叫**知**。用眼識來辨別一切，叫**見**。

釋 普賢菩薩看見了上面所說那樣多的佛，將會怎麼樣呢？普賢菩薩又接下去說道：我應該完全用極深切，極特別的決定心，和眼前我能夠知道、見到的一切力量。（這一段所要說的話，還沒有說完，要到下一段的話說完了，才會明白。）

各以出過，辯才天女，微妙舌根，
一一舌根，出無盡音聲海。
一一音聲，出一切言辭海。
稱揚讚嘆，一切如來，諸功德海。
窮未來際，相續不斷。盡於法界，無不周徧。

解

出字，是超出的意思。

過字，是勝過的意思。

辯字，是辯論的意思。

辯才，是有辯論的口才。

天女，是天上的女子。

微字，是微細的意思。

妙字，是極好的意思。

舌根，就是俗語的舌頭。在佛經裏，眼、耳、鼻、舌、身五官，都叫根。

言辭，就是說話。

音聲、言辭、功德的底下，都加一個**海**字，是形容音聲、言辭、功德，都像海那樣的大，海水那樣的多。

釋

普賢菩薩用他極深切特別的決定心和眼前種種知道、見到的一切力量，接下來怎麼樣呢？

普賢菩薩又接下去說道：所有我現出的微塵數的身形，都生出勝過辯才天女那種又微細、又巧妙的舌根來。

辯才天女，是自在天王的一個綵女，（我們頭頂上，總共有二十八層天。自在天，是第六層天，在《阿彌陀經白話解釋》裏，「無量諸天大眾俱」一句底下，講得很明白。綵女，是天王差喚的女子。）名叫**善口**。（這個天女的事情，在本經第五十一卷如來出現品裏有的。

如來出現品，也是華嚴經各品裏的一品，和現在解釋的行願品，一樣是華嚴經裏的，所以稱為本經。）

他的舌根，能夠變化出許多舌根來，並且一條一條的舌根，都能夠發出無窮無盡的各種音聲。

他所發的每一種音聲，又能和幾百、幾千種樂器的聲音，和合起來。

在他所發的音聲裏，又能發出各種的說話。這各種的說話，都是稱揚讚嘆一切佛的無窮無盡的功德。

普賢菩薩用了勝過天女那樣微妙的舌根，稱揚讚嘆佛的功德。一直要經過未來世，接連不斷的稱揚讚嘆下去。

大家都知道，未來世哪會有窮盡。這種說法，其實就是說稱揚讚嘆，也是沒有窮盡的。

不但稱揚讚嘆的時候，沒有窮盡。並且稱揚讚嘆的地方，也是沒有窮盡的。所有一切的法界，沒有一處、不稱揚讚嘆，周遍到的。

如是虛空界盡，眾生界盡，眾生業盡，眾生煩惱盡，我讚乃盡。而虛空界，乃至煩惱，無有盡故，我此讚嘆，無有窮盡。念念相續，無有間斷。身、語、意業，無有疲厭。

這一段經文，和前面第一大願，禮敬諸佛，末後的文字，完全相同，不過禮敬換了讚嘆罷了。下面還有第三願到第十願，末後的經文，都有像這一段一樣的字句，凡是前面已經解釋過的，後面再有，就一概不再重複解釋了。

復次，善男子！言廣修供養者，

解

廣字，是多的意思。

修字，是搜羅種種寶貴珍奇的物品，用來裝飾供養的種種物品。

供字，是供獻、供奉的意思。

養字，是孝養的意思。（孝養，是像子女孝養父母一樣，不但是供養，還有恭敬的意思在裏面。）

釋

普賢菩薩講完了第二大願，稱讚如來，又向聽法的大眾，仍舊先叫一聲善男子道：說到一個廣字，是所有貴重的珍奇物品，都要到各處去搜集來供養，才可以叫**廣**。還要用種種方法，把供品裝飾得非常好看，使佛看見了，生歡喜心，所以叫**修**。

這樣的許多珍貴好看的物品，用來供獻一切無窮無盡的佛，奉養十方海會的菩薩。（菩薩本來有大小的分別，凡是發心修學佛法的人，在佛法裏，都可以稱初發心菩薩的。這是尊重發心修行人的意思，並且已經發心修行的人，終有一天會修成菩薩的。不過修得認真的人，早些成菩薩，修得不很認真的人，遲些成菩薩罷了。）

所有盡法界、虛空界，
十方三世，一切佛剎，極微塵中，
一一各有，一切世界，極微塵數佛。
一一佛所，種種菩薩，海會圍繞。

這一段經文，和前面第二大願，稱讚如來，末後二段的文字，都是一樣，並且意義也是一樣的，所以不重複解釋了。下面如果再有意義一樣的經文，儘管文字稍稍有點不同，也都不再另行解釋了。

我以普賢行願力故，起深信解、現前知見。

解

這個**以**字、有靠託和因為兩種意思在裏面。**起**字是發起和生出來的意思。

釋

我靠託了普賢行願力量的緣故，生出了這種很深切的信心，很深切的了解。（末一句現前知見，完全和前面一樣，所以不再解釋了。）

悉以上妙，諸供養具，而為供養。所謂華雲、鬘雲、天音樂雲、天傘蓋雲、天衣服雲、天種種香、塗香、燒香、末香，如是等雲，一一量如，須彌山王。然種種燈，酥燈、油燈，諸香油燈，一一燈炷、如須彌山。一一燈油、如大海水。

解

上妙，是上等奇妙的意思。

具字，是物品，就是供養的東西。

鬘，是一種裝飾品，用很貴重的花，編結成像帽子的東西，裝飾在頭髮上的。

傘蓋，像現在供在佛面前的寶蓋一樣。（傘，也可以稱做蓋。）

塗香，是塗在身上的香。（塗香有二種，一種是把旃檀木磨成了末，塗在身上。一種是用各種雜香磨成了末，塗在身上，或是拿來薰衣服。在見佛之前，一定要這樣預備好的，才是恭敬。

旃檀，是梵語，翻譯成中文，是與樂兩個字。這種木，很香的，可以當做香來燒。有赤、白兩種顏色。白色的，能夠治熱病。赤色的，能夠去風腫。因為能夠除病痛的苦，得到身體輕安的樂處，所以叫與樂。）

燒香，是燒的各種香，像檀香、速香等都是的。

末香，是把各種香磨成的香末。

量字，是數量。

然字，和燃字一樣，就是點燈，也可以當做燒字解釋。

酥，是從牛乳裏煉出來的東西，嚐起來很美味，可以當做燈油點，是很貴重的供品，平常不用的。

炷，就是燈蕊。

釋 供養無窮無盡的佛，一定要用最貴重、最奇妙的物品來供的。

若是供花，就要用須曼那、茉莉、這一類世界上少有的花。（須曼那，是梵語，翻譯成中文，是稱意兩個字，就是能夠稱人意的意思。）

用音樂、傘蓋、衣服等來供養，也一定要挑選極好聽、極好看的，才可以夠得上說一個修字。

香，是供品裏最主要的東西，像龍涎香、薝蔔香、鬱金香等，種種奇異的香，都應該搜羅來陳列供養的。

各種供品的名稱下面，都加一個**雲**字，是表示種種供品，像天上的雲那樣的多，一層一層佈滿在天空裏，沒有一處不供到。

加一個**天**字在供品的名稱上，是表示供品的好。所有的供品，都像只應天上有，不是人間有的意思。種種香裏面，像最好的塗香、燒香、末香等各種有名的香，完全都有，並且都像雲那樣的多。

若是要估計各種供品的數量，那就沒有數目單位可以計算了。只看堆在那裏的物品，非常的高、非常的大，每種供品竟然都像**須彌山**那樣又高、又大、又多。（須彌山，是梵語，翻譯成中文，有好幾種名稱，大家用慣的是妙高兩個字，意思就是又妙、又高。我們世界上的山，都是泥土和石頭結合而成的。這須彌山，是金、銀、琉璃、玻璃、四種寶貝結合而成的，所以叫妙。山的高大，又超過任何一座山，所以叫高。

這山在香水海裏，水面上露出八百由旬，水底下也有八百由旬，山的上下都很大，只是腰的中間一段很細。山頂上是忉利天宮，就是帝釋住的。山腰的周圍，是四天王天，四天各有一位天王住在那裏管理。山的外面，有七道香水海、七座金山。每一道海，隔一座山，每一座山，隔一道海，圍住了須彌山，這是須彌山的大略情況。

琉璃和玻璃，在阿彌陀經白話解釋，「皆是四寶周匝圍繞」一句底下，有詳細解釋。

每一由旬，有四十里路那麼的長。

帝釋，是忉利天上的天帝，就是俗人所說的玉皇大帝。）須彌山比任何山都高大，所以稱**須彌山王**。

上面所說的種種供品，每一種的數量，都已經像須彌山那樣多了。倘若把所有的種種供品，合併起來估計，豈不是嚇死我們心量很小的凡夫嗎？

燈頭用的燈蕊，一條一條是極小的，哪裏知道一盞一盞燈裏所用的燈蕊，堆積起來，竟然也像須彌山那樣的高、那樣的大。一盞一盞燈裏，所用燈油的數量，竟然也像無邊無岸、又寬又深的海水那樣的多。依講經的老法師說起來，這經文所說的話，已經可以驚嚇凡夫了，但只是大略說說罷了！若是要講到真的境界，恐怕我們凡夫，永遠猜想不到哩！

以如是等，諸供養具，常為供養。

解

如是兩個字、就是指上面所說種種供養的物品。

釋

像上面所說種種供養的物品，有這樣多的種類、有這樣多的數量、又這樣不得了的奇妙貴重，我們凡夫哪裏能夠辨得到呢？更加不要說常常來辨供養了。

說到**常為供養**，即是沒有間斷的供養。這都是佛菩薩的境界、佛菩薩的神通，修到了佛菩薩的地位，自然就做得到了。大家千萬不可以有一點點疑惑，疑惑是學佛最犯忌的。

善男子！諸供養中，法供養最。

解

法供養，是用佛法來供養佛的意思，就是把佛所說的種種學佛的法門，勤修切信，明瞭意義，勸導眾生。

最字，就是最好，沒有比法供養更加好的了。

釋

上面所說的種種供養，雖然供品的數量，多到不可以用數目單位來計算，物品的貴重奇特，（特，是特別的意思。）又都不是人世間所能夠辦得到的。但這都是用錢財辦來的，只可以算是財供養，不可以說是法供養。財供養，不論用多少金錢，多少物品，都遠不及法供養的功德大。若能夠法供養，對受供養的佛是最喜歡、最尊重的。對供養的眾生而言，是功德最大的。所以說在種種供養的方法裏，只有法供養是最好的。

所謂：如說修行供養、利益眾生供養、攝受眾生供養、代眾生苦供養、勤修善根供養、不捨菩薩業供養、不離菩提心供養。

解

如字，可以當做像字解釋，也可以當做依字、照字的解釋。

捨字，是放棄的意思。

釋

上面所說的**法供養**，大略有七種方法。

第一、**如說修行供養**。是要完全依照佛所說的修行學佛的種種方法去修，不要懶惰，不要有別的妄想，這就是叫法供養。

第二、**利益眾生供養**。要曉得禮敬佛、稱讚佛、供養佛，為的是什麼呢？都是為了自已種善根，（善根有兩種解釋。一種解釋，是所修的種種善業，很堅固、很深切，像生了根一樣。一種解釋，是積了善業，就像種在土地裏的東西，生了根一樣，漸漸的長大起來，就會結成很大的善果。所以積善業，就是種善根。）修行人所以修種種善根，都是為了有一天能夠結善果，就可以救度眾生。大家只要看無窮無盡的佛，都出現到各處眾生的世界上來，就是為了要救度眾生，脫離這種生死世界，得到種種的利益，所以利益眾生，也叫法供養。

第三、攝受眾生供養。（攝字，是收的意思。攝受，就是接受過來，教化他們、救度他們。）無窮無盡的佛，出現到各處眾生的世界上來，都是發起一片慈悲心，愛憐眾生的苦惱，接受了他們，才可以救護他們、教化他們。所以攝受眾生，也叫法供養。

第四、代眾生苦供養。無窮無盡的佛，都是大悲心太深切了，為了要拔去眾生的苦，所以出現到污濁的世界上來的。現在能夠發代眾生受苦的心，就合了佛的心了，所以也叫法供養。

第五、勤修善根供養。善根愈修愈長大。倘若不修，就會像花草的根，吸收不到水，一天一天的枯萎。所以要修，並且還要勤修，不可以修修停停的，勤修才能夠**利樂眾生**。（利樂眾生，是使眾生受到利益和快樂。）這也是切合佛的功德，所以也叫法供養。

第六、不捨菩薩業供養。菩薩所修的事業，都是利樂眾生的，能夠一心一意修菩薩的事業，就是誠心誠意的利樂眾生。常常不放棄利樂眾生的事業，也就是切合佛心的，所以也叫法供養。

第七、不離菩提心供養。（**菩提**，是梵語，翻譯成中文，有翻做道理的道字，也有翻做覺悟的覺字。**菩提心**，就是求成佛道，或是說求成佛的心，都可以。）佛因為哀憐眾生，就發大悲心，因為發了大悲心，就生出菩提心來了。生了菩提心，就可以修成佛了！生了菩提心，一天一天的長大起來，一直要修到成了佛，才算功德圓滿哩！不可以有一剎那的時間，（**剎那**，是極短極短的時間。一彈指的功夫，就有六十個剎那。）違背菩提心，也不可以有一剎那的時間，離開菩提心。不離菩提心，就可以成佛了，所以不離菩提心，也叫法供養。

像這樣的七種供養，才算是法供養，才算是真供養了。不是只用人世間的錢財買來的食用供品，陳列得多，就算供養佛的。為什麼呢？因為佛是最恭敬、最尊重佛法的。如果不是法供養，哪怕花費無窮無盡的錢財，所得的功德終不及法供養的大哩！

善男子！如前供養，無量功德，比法供養，一念功德，分不及一，千分不及一，百千俱胝、那由他分、迦羅分、算分、數分、喻分，優波尼沙陀分，亦不及一。

解

俱胝、**那由他**、**迦羅**、**算**、**數**、**喻**、**優波尼沙陀**、都是極大極大數目的單位名稱。

釋

普賢菩薩又向法會的聽眾說道：善男子呀！你們要曉得像前面種種的供養，所費的錢財、所供的佛，是那麼無窮無盡的多，應該可以得到無量功德了，但是比起法供養的功德，那就差得遠了。以前面無量無邊財供養的功德，和法供養**一念**的**功德**，比較起來，若財供養有百分的功德，還不及法供養一分的功德。財供養有千分的功德，不及法供養一分的功德。財供養有百千個俱胝、那由他分，迦羅分，算分，數分，喻分，優波尼沙陀分的功德，也不及法供養一分的功德。

普賢菩薩說這種比較的意思，就是著重在法供養。普賢菩薩恐怕鈍根的修行人，只曉得供養的錢財用得多，受供養的佛也多，就可以得到種種無窮無盡的福報了。所以一層一層講得清清楚楚，使修行的人，大家曉得財供養的功德，固然很大，但是法供養的功德，比財供養的功德，大了又大，是不可以用數目來比較的。這是希望修行的人，大家都修法供養，修的功德大了，將來自己修成的品位，也就可以特別高了。這是普賢菩薩勸化修行人，一片至誠懇切的大悲心。

還有，大家一定要曉得，就是正在財供養的時候，只要心裏能夠發普賢菩薩的十種大願心。一面用**作觀的方法**，（作觀的觀字，要讀第四聲的，是觀照、觀想的意思，不是觀看的意思。是**用心來觀看**，不是用肉眼來看，只當做想的意思。用一心來想，用定心來想，想什麼境界？就有所想的境界的樣子，明明朗朗的出現在眼前。）閉了眼睛，描摹自己的身體，化成百千萬億個身體，在百千萬億的世界上，向每個世界裏的百千萬億佛，修普賢菩薩的十種大願。那麼即使修的是財供養，也可以和法供養的功德一樣大了。因為財供養是**事**，法供養是**理**，現在能夠財供養和法供養，同時並修，就合了佛法裏所說的**事理融通**了。（修的事和修的理和合融化了，就叫融通。）這樣的功德，就非常的大了。

何以故？以諸如來，尊重法故。以如說行，出生諸佛故。若諸菩薩，行法供養，則得成就，供養如來。如是修行，是真供養故。

解

以如說行的行字，是修行的意思，就是做修行的功夫。

釋

普賢菩薩先反問一句道：為什麼緣故，像上面那樣多的財供養，還不及少數的法供養呢？普賢菩薩問了，就接下去解釋道：財供養的供品，雖然像須彌山那樣的多，還不及少數法供養。那是因為一切的佛，都是尊重佛法的。佛認為佛法比什麼東西都尊重、寶貴，所以特別尊重法供養。

因為依照佛所說的方法，修上面所說的七種法供養，就能夠生出佛來。所說的生出佛，其實就是依照佛所說的方法去修行，這修行的人就一定會修成佛的意思。有如生出一尊佛來一樣，所以叫**出生諸佛**。

若是許多供養佛的菩薩，（這菩薩兩個字，是指發心修行的人。）都修這種法供養，那就可以成為供養佛的功德了。

像這樣的修行，才可以說是真正的供養了。

此廣大最勝供養，虛空界盡，眾生界盡，眾生業盡，眾生煩惱盡，我供乃盡。而虛空界，乃至煩惱，不可盡故，我此供養，亦無有盡。念念相續，無有間斷。身、語、意業，無有疲厭。

解

此字，是指前面所說的種種供養。

最勝兩個字，是最特別、最有功德的意思，就是指上面所說的種種法供養。

釋

說到廣大最勝供養，可見前面所說的種種供養，不只是財供養，一定也有法供養在裏面了。倘若只有財供養，沒有法供養，普賢菩薩怎麼會說廣大最勝供養呢？

復次，善男子！言懺除業障者，

解

懺字，是梵語中懺摩兩個字，現在單用梵語的一個懺字，是簡便的說法。這懺和悔字的解釋，差不多的，都是自己反過來懊悔自己所造的罪業。不過**懺**字，是懺除過去已經造的罪業。**悔**字，是已經造過了罪業，自己懊悔，自己禁戒，以後不再造業。

業字，可以當做善業的業字用，也可以當做惡業的業字用。但是這個業字，和障字連在一起，那就是指惡業了。

障字，是遮蓋和阻礙兩種意思。

釋

普賢菩薩說完了第三大願、廣修供養後，又向法會裏的聽眾說第四大願，懺悔業障了。先叫了一聲善男子！就接下去說道：我所說的懺悔業障，是要把從前已經造的罪業，完全自己發露出來，懺除淨盡。一面還要自己禁戒自己，不再造新的罪業。

業障有三種。第一種，叫**煩惱障**。第二種，叫**業障**。第三種，叫**報障**。

因為一個人有種種的煩惱，就造出種種的罪業來了，造了種種的罪業，就要受種種的報應。因為造了種種的罪業，就下了種種的種子，又要受種種的報應。受了報應，又要生出種種的煩惱來了，像這樣的循環輾轉，那業障就永遠不能斷絕了。

所以所造的罪業，若不懺悔淨盡，就會遮蓋住我們本來清清淨淨的真性，會阻礙我們跳出三界的門路。（三界，是欲界、色界、無色界，在《阿彌陀經白話解釋》裏，講得很明白。）所以懺悔業障，在修學佛法裏，實在是一件最重要的事情。

菩薩自念，我於過去，無始劫中，由貪、瞋、癡，發身、口、意，作諸惡業，無量無邊。

解

無始，是沒有起頭的意思。因為過去之前，還有過去，儘管向上推，是沒有窮盡的，說不出起始的時候，所以叫無始。

貪，是貪心不足。

瞋，是發火。

癡，是愚笨不明白道理。

釋

普賢菩薩自己想自己，在過去無窮無盡，說不出起始的劫數以來，一直到現在，從貪心、瞋心、癡心、三種**業因**上，（業因，是造業的因。）發動了身、口、意三種的**業緣**。（業緣，是助成造業的緣。因為這個業，是從身體上，或是從口裏，或是從意思裏造成的。所以說身、口、意三種，是造業的緣。）有因有緣，就造出了種種的惡業來。有了種子，有了器具，那所造的種種惡業，就無量無邊，多到不能夠計算。

所以貪、瞋、癡，是造惡業的種子。身、口、意，是造惡業的器具。

若此惡業，有體相者，盡虛空界，不能容受。

解

體，是實質。

相，是形相。

容字，是安放得下的意思。

釋

像這樣無量無邊的惡業，幸好沒有實質和形相。若有實質、形相，那個實質、形相的大，即使是盡虛空界，也沒有方法可以安放下去。

這是普賢菩薩故意這樣說來勸化眾人，以自己做榜樣的話。其實普賢菩薩能夠修成菩薩，發這樣的十種大願心，**宿根**的深厚，（宿字，是從前的意思。宿根，是前生、前前生所種的善根。）一定是不得了的，絕不會造出盡虛空界，也不能夠安放下去，那樣多的惡業來的。

看這本行願品的居士們，要看得靈活，不可以看得太呆板。就算普賢菩薩真的造過這樣多的惡業，但是反過來說，如果能夠把所造這樣多的惡業、懺悔清淨，那所得到的功德，盡虛空界也不能夠安放下去了。所以懺悔實在是最要緊、最要緊的。

我今悉以，清淨三業，

解 三業，是**身業**、**口業**、**意業**。

釋 前面所說惡業的多，雖然有虛空界那樣大的地方，也還不能安放下去。那是因為身、口、意三業，都是染污的，（染污，就是不清淨。）所以造出這樣多的種種惡業來。

現在三業完全是清淨的，就永遠不會再造以前的種種惡業了。

徧於法界，極微塵剎，一切諸佛菩薩眾前，誠心懺悔，後不復造，恆住淨戒，一切功德。

解

恆字，是常常這樣，永久不改變的意思。

恆住，是常常安住在那裏，永遠不離開的意思。

戒，是戒律。

淨戒，是守戒守得很清淨。（清淨，就是一點不犯，就叫守淨戒。）

釋

前面說從前我所造的惡業，周遍在法界。現在我把清淨的三業，周遍在法界、極微塵剎的一切無窮無盡的佛菩薩面前，誠心懺悔。以後永遠不再造惡業，永遠常常安住在清淨戒律的一切功德上。

那麼從前所積的無窮無盡的惡業，都可以消滅了。一切惡業，都消滅了，那一切的功德，自然會漸漸的積聚起來，也可以周遍法界了。

如是虛空界盡，眾生界盡，眾生業盡，眾生煩惱盡，我懺乃盡。而虛空界，乃至眾生煩惱，不可盡故，我此懺悔，無有窮盡。念念相續，無有間斷。身、語、意業，無有疲厭。

這一段經文，和前面是一樣的，所以也不再重覆解釋。

復次，善男子！言隨喜功德者，

解 **隨**字，是跟隨、依順、不違背的意思。**喜**，是歡喜、不恨、不討厭的意思。

釋 凡是旁人所做的功德，不論大的、小的，不論是聽到的、或是看到的，那怕是一絲一毫一微塵的功德，我都跟隨他們一起做，並且歡喜讚嘆他們，使他們格外有興趣做功德。

所有盡法界、虛空界，十方三世，一切佛剎，極微塵數諸佛如來。從初發心，為一切智，勤修福聚，不惜身命，經不可說不可說佛剎，極微塵數劫。一一劫中，捨不可說不可說佛剎，極微塵數頭目手足。

解

一切智，是明明白白見到十法界裏、所有一切的法，只有**眞空**的一種理性，（不虛假，叫真。不著相，叫空。真空的理性，是離開一切從迷惑所見到的虛假相，不認為這種虛假相是實在的。）沒有別種性，也沒有別種相。

福聚，是修了無量的福德，聚集起來。

釋 要修隨喜的功德，就要修得廣大，不論怎麼樣大的境界？不論怎麼樣多的佛菩薩？不論怎麼樣難做到的事情？不論受到怎麼樣苦惱？都要去隨喜的。

所有無量無邊的法界，無量無邊的虛空界，廣大到十方，長久到三世，一切的佛剎極微塵數的佛。

從起初發心修佛道開始，為了要求得一切智，不間斷的勤勤懇懇、誠心誠意的修。要修到聚成許多許多的福德。在這修行的時候，只曉得一心向上的修，一意向前的修，哪怕把身體性命送掉了，也不覺得可惜，沒有什麼捨不得。

像這樣的捨棄身體性命，經過了不可說不可說佛剎極微塵數的時劫。

在一個一個的劫裏，捨棄了不可說不可說佛剎極微塵數之多的頭、目、手、足。像這樣的隨喜，真是只有佛菩薩才能夠做到。

這一段裏，所有種種名詞，像盡法、虛空界、十方三世、一切佛剎極微塵數等，前面都已經解釋過，所以這裏和後面都不再解釋了。

如是一切，難行苦行，圓滿種種，波羅蜜門，
證入種種，菩薩智地，成就諸佛，無上菩提，
及般涅槃，分布舍利，所有善根，我皆隨喜。

解

波羅蜜、菩提、般涅槃、舍利、都是梵語翻譯成中文的。

波羅蜜，是到彼岸，（彼岸，是那面的岸，就是從我們的娑婆世界，到只有樂、沒有苦，像西方極樂世界那樣的地方去。）也可以翻譯做一個度字。（度字，和渡字是一樣的意思，就是從苦惱世界渡到極樂世界去。）

種種兩個字，是因為波羅蜜，簡單說起來，只有六種，也叫六度。若是推展開來講，就有八萬四千種之多哩！所說的**六度**，就是：

布施。（布施有三種。一、財施，把錢財、衣服、食物施送給窮人。二、法施，用佛法來勸化人。三、無畏施，旁人有懼怕、驚嚇的事情，去安慰他、幫助他。）

持戒。（是守住佛法裏的各種戒法，一點也不犯。）

忍辱。（若是旁人來欺我、打我、罵我、要能夠忍耐，不與旁人計較。）

精進。（精字，是專心修學，沒有一點點亂念頭。進字，是勇猛的修上去，不是修了修，退下來不修了。）

禪定。（放下一切虛假的亂念頭，沒有一點點的散亂心。）

智慧。（智慧，就是聰明。不過凡夫的聰明，可以用在正路上，也可以用在邪路上。但智慧，只用在正路上。）

布施可以度慳吝。（慳吝，是器量小的意思。肯布施，就不慳吝了。）

持戒可以度作惡。

忍辱可以度瞋恚。（瞋恚，是發火的意思。）

精進可以度懈怠。（懈怠，是懶惰的意思。）

禪定可以度散亂。

智慧可以度愚癡。

所以叫度。（因為器量小的人，可以使他變成器量大的人。作惡的人，可以使他變成守戒法的人，所以叫度。）

智地，是菩薩的德，就是**一切智**，（一切智，是曉得一切法的空相，是聲聞、緣覺的智。）**道種智**，（道種智，是曉得一切差別的道法，是菩薩的智。）**一切種智**。（一切種智，是明瞭總相、別相，斷惑、覺迷，是佛的智。）

地，就是地位，智地所以說種種，是因為多到有四十地的緣故。

菩提，就是覺悟，也可以當做佛道解釋。

翻譯**般涅槃**三個字，有四、五種之多，都有些不相同，但是大家用慣的，還是滅度兩個字。滅，是滅煩惱、滅生死。度，是度眾生。（般涅槃，和涅槃的意思是一樣的。因為印度人的聲音，和我們中國人的聲音，稍稍有些不同，有些人讀成涅槃兩個字的音，有些人讀成般涅槃三個字的音罷了。）

無上，是沒有比這個更高的意思。

分布，是分散開來的意思。

舍利，是佛的身骨形狀，像珍珠那樣圓的，有紅、綠、黃、白幾種顏色，質地有些像水晶，很透明、很堅固。

釋

如是兩個字，是指上面所說捨棄身體、性命、頭目、手足、種種極難、極苦的修行法。為的是什麼呢？就為了要圓滿種種波羅蜜，證到菩薩的種種智慧的地位。還要能夠成就佛所傳揚的無窮無盡、最高、最妙的佛道，以及佛滅度後分散舍利的功德。（分散舍利給修行人，使他們可以永遠供養，也是一種大功德，所以也希望能夠圓滿這種功德。）

要曉得舍利是一種寶貝，很不容易得到，一定要修戒、定、慧三種善業的功夫，修深了，（戒，是修行人應該守的各種戒律。能夠修戒，可以自己禁止自己，不犯身、口、意所造的惡業。能夠修定，可以心念清淨，不發生種種的亂念妄想。慧，是智慧。能夠修慧，可以明白真理，斷絕迷惑。）才能夠薰成這種舍利。

本師釋迦牟尼佛涅槃後，弟子阿難等把佛的身體，用火焚化了，就發現許多許多、明亮堅硬的五色珠。這種珠，就叫舍利。佛的許多弟子，大家就造了一座塔，藏放佛的舍利，永遠供養。也有把這種舍利，分散到各處寺院，或是法會裏去供養，這也是功德很大的。佛因為已經涅槃了，世界上的眾生，都見不到佛了，所以特地把佛自己身骨裏的舍利，留在世界上。使信佛的人，見了佛的舍利，就像見到佛一樣，供養佛的舍利，就像供養佛一樣。

在佛教裏，有一種規則，凡是出家的人，或是沒有出家，但是修行已經很有功夫的人，只要自己願意，死後也可以把整個身體，用火來焚化，也會發現舍利。不過沒有像佛的舍利，那樣又多、又大、又光明、又堅硬罷了。

所有像上面所說的種種功德，修了就種了善根，將來善根漸漸的長大起來，就有成佛的一日，所以我都應該要隨喜的。

及彼十方，一切世界，六趣四生，一切種類，所有功德，乃至一塵，我皆隨喜。

解

趣字，同道字一樣。

六趣，就是天道、人道、阿修羅道、畜生道、餓鬼道、地獄道等六道。

四生，是胎生、卵生、濕生、化生四種。（在下面第九大願，恆順眾生裏有詳細解釋。）

這裏所說的**功德**，就是前面所說的種種善根。

一塵，就是一粒微塵。

所有在天上，和在人世間的眾生，不論善根的大小，當然都有一些善根，我都應該要隨喜的。

釋

所有六道、四生各種各類的苦惱眾生，在這樣大的十方一切世界裏，不曉得有多少？難道都是沒有善根的嗎？

那一定不會的。不過這些苦惱眾生的善根，都是不大的。他們的善根，儘管不大，儘管只有一粒微塵那麼的小，我還是儘量要隨喜，絕不因為他們的善根小，就不隨喜了。

十方三世、一切聲聞，及辟支佛，有學無學，所有功德，我皆隨喜。

解

聲聞，是修四諦的，修成了有四種果，一、**須陀洹果**，二、**斯陀含果**，三、**阿那含果**，四、**阿羅漢果**。

辟支佛，梵語叫辟支迦羅，翻譯成中文，是獨覺兩個字，也有翻譯做緣覺，是專門修十二因緣的。（聲聞、四諦，辟支佛、十二因緣，在《阿彌陀經白話解釋》裏，有詳細解釋。）

有學，是說修道學佛的人，沒有修學圓滿，還應該再要向上修的意思。

無學，是說所有應該修學的，都已經修學圓滿了，沒有什麼還應該修學的了。

釋

十方的廣大，三世的長久，所有一切的聲聞、辟支佛，有的還應該要向上修的，像聲聞的初果到第三果，和還沒有證到辟支佛的緣覺，都還應該要向上修學，所以都稱有學。

已經修學圓滿的聲聞、第四果的阿羅漢、和已經證到辟支佛的緣覺，都已經修學圓滿了，沒有什麼再可以修學了，所以都稱無學。像這種無學的阿羅漢、辟支佛，都是已經超出凡夫，進入聖人一路了。他們從起初修道起，所積的極多極多的功德，我都隨喜。

一切菩薩，所修無量難行苦行，志求無上正等菩提，廣大功德，我皆隨喜。

解 **正等**的正字，是沒有邪見的意思。（邪見，是種種不合正當道理的見解。）等字，是沒有偏見的意思。（偏見，也可以叫邊見，是不正的見解，是偏在一邊的見解。）

釋 前面說的菩薩所修極難極苦的功行，都是無窮無盡的佛在做菩薩的時候，因為立定志願，要求證得最高、最上，沒有一點點邪見、偏見的覺悟，（簡單說起來，就是要求得佛的智慧，要求得成佛。）一切菩薩發這樣的大願，那功德的廣大，還可以用數字來計算嗎？所以我都要切實隨喜的。

如是虛空界盡，眾生界盡，眾生業盡，眾生煩惱盡，我此隨喜，無有窮盡。念念相續，無有間斷。身、語、意業，無有疲厭。

這一段經文，也是和前面懺悔業障末後一段，完全一樣。

復次，善男子！言請轉法輪者，

解 **輪**，是車輪。車是裝人，或是裝東西的車。只要車輪轉動了，車上所裝的人，或是裝的東西，就可以從這邊運送到那邊去了。現在所說轉動的車輪，是譬喻佛的說法，佛說法教化眾生，就可以把眾生從這個苦惱的世界，送到那個安樂的世界去，所以叫**轉法輪**。

釋 普賢菩薩說完第五大願，隨喜功德，接下去說第六大願，請轉法輪了。普賢菩薩因為佛的說法，能夠教化眾生，離開這邊不安樂、有生死的世界，送到那邊只有安樂、沒有苦惱、又可以了脫生死的世界去。像人坐在車上，只要車輪轉動，就會把人從這邊送到那邊去一樣。所以普賢菩薩發這個大願，勸請一切的佛都來說法，救度眾生，使一切眾生，都能夠生到極樂世界去。

要曉得請轉法輪的功德大到不得了的。法華經上說，大通智勝佛成了佛，有十六位王子，請大通智勝佛說法，度了無量無邊的眾生。十六位王子，就因為請了大通智勝佛說法度眾生的功德，後來也都成了佛了。本師釋迦牟尼佛和阿彌陀佛，就是十六位王子裏面的兩位。發起請轉法輪的人，就有這樣無量無邊的功德，有了這樣大的功德，就會得到那樣的**大福果**。（福果，是有大福的結果。）

在佛經裏，這種事情多得很哩！

所有盡法界、虛空界，
十方三世，一切佛剎，極微塵中，
一一各有，不可說不可說佛剎，極微塵數廣大佛剎。
一一剎中，念念有不可說不可說佛剎，
極微塵數一切諸佛，成等正覺，一切菩薩，海會圍繞。

解 **等正覺**的覺字，本來是覺悟的意思，就是覺悟一切法的智慧。加等正兩個字，是說這種智慧，是沒有邪見、沒有偏見的智慧。等正覺，和正等正覺是一樣的意思，不過省了一個正字罷了。

釋 法界，是沒有窮盡的。虛空界，也是沒有窮盡的。現在說所有盡法界、盡虛空界，是說還要盡法界、盡虛空界的十方那樣的廣大，還要經過過去、現在、未來、三世那樣的長久，把所有一切的佛剎，都化成像極微塵那樣的細粉。在這種每一個極微塵裏，又各有不可說不可說的佛剎。好像又把這些不可說不可說的佛剎、拿來化成更多極微塵數的廣大佛剎。

在這種極微塵數廣大佛剎，只要在普賢菩薩每動一個念頭的剎那，立即得道成佛的，就有不可說不可說佛剎極微塵數那樣多的佛。動一個念頭，就有這樣多的佛成佛，那麼一個一個念頭，接連動起來，又是經過無數劫的長久，那麼得道成佛的多少，還可以用數字來計算嗎？還有無量無邊的菩薩，和像海那麼大，像海水那麼多的法會，都圍繞著一切諸佛。要曉得一切菩薩，一切海會，為什麼都圍繞了一切諸佛呢？就是為了要勸請一切諸佛，都來轉法輪，說法勸度眾生的緣故。

而我悉以，身、口、意業種種方便，殷勤勸請，轉妙法輪。

解

方便兩個字，是把便利、利益給人的意思，也可以說種種又簡單、又容易的方法。

殷勤，是常常不停歇的向佛勸請，一點也不偷懶的意思。

釋

普賢菩薩說：像前面那樣多的菩薩，都勸請佛慈悲轉法輪。我也完全用我的身、口、意三業，誠心向佛禮敬，（是意業。）圍繞佛前，長跪求請，（是身業。）口說偈言，稱讚佛的無量功德，（是口業。）凡是請佛說法，都是行這樣的禮。）還要用這種種方便法，來勸請佛轉妙法輪。佛就觀察眾生的機，是大的、還是小的？是利的、還是鈍的？眾生是怎樣的機，佛就說怎樣的法，來教化他們，這就叫**轉法輪**。

法輪上加一妙字，是說法輪的力量大。因為佛所說的法，使眾生聽了，容易生出信心來，發起願心來。佛轉了法輪，就可以使眾生成佛，什麼世界上，還有比轉法輪更加好的事情呢？所以稱妙法輪。不過勸請，必須殷勤的勸請，不可以懈怠。要時常勸請，不可以勸請了幾次，就不勸請了，這才可以說是誠心切心的勸請。

如是虛空界盡，眾生界盡，眾生業盡，眾生煩惱盡，我常勸請，一切諸佛，轉正法輪，無有窮盡。念念相續，無有間斷。身、語、意業，無有疲厭。

法輪上加一個**正**字，是說這種法輪，是很正大的，沒有一點偏，更加沒有一點邪的，所以叫**正法輪**。這一段經文，除了轉法輪一句外，都和前面一樣，所以也不再解釋了。

復次，善男子！言請佛住世者，

解

世，是世界。

住世，是請求佛常住在人所住的世界上，不要離開這個世界。普賢菩薩本來也是我們娑婆世界上的人，那麼普賢菩薩請佛住在世界上，一定就是請佛住在我們的娑婆世界上了。

釋

普賢菩薩說完第六大願，請轉法輪後，接下去說第七大願，請佛住世了。佛既然成了佛，早就沒有生滅了，哪裏還有住世不住世的分別呢？

要曉得眾生的心念清淨，就常常可以見到佛。

就算佛還住在世界上，沒有涅槃，若眾生的心念垢穢，（垢穢，就是不潔淨。）就看不見佛。

就算佛已經涅槃了，其實佛沒有生相，也沒有滅相，眾生的機，是怎麼樣的？佛就現怎麼的相罷了。

所有盡法界、虛空界，
十方三世，一切佛剎，極微塵數諸佛如來，
將欲示現，般涅槃者，及諸菩薩、聲聞、緣覺、有學、
無學，乃至一切，諸善知識，我悉勸請，莫入涅槃。
經於一切佛剎，極微塵數劫，為欲利樂，一切眾生。

解

示現的示字，是給旁人看的意思。現，是現出來的意思。

善知識，是熱心勸人信佛、學佛，或是勸人修學善業、不造惡業的修行人。在佛經、就稱做善知識。

莫字，是不要的意思，也有禁止、勸戒的意思。

釋

所有盡法界、虛空界，十方三世一切佛剎極微塵數的佛，到了差不多要現涅槃相的時候，我就要向這麼多的佛，勸請他們常住在我們這個世界上，不要入涅槃。

我還不只是勸請佛哩！即使是許多菩薩、聲聞、緣覺、有學、無學、哪怕是尋常的善知識，我也要一起勸請他們，常住在我們這個世界上，不要示現涅槃。

一直要經過所有一切佛剎，都化成極細微塵那麼多的時劫。在這其中因為善知識是喜歡勸他人修學佛道的，可以當做黑暗房屋裏明亮的燈，所以善知識能夠住世，可以勸化一切眾生，使一切眾生、都能夠得到離苦得樂的利益。

如是虛空界盡，眾生界盡，眾生業盡，眾生煩惱盡，我此勸請，無有窮盡。念念相續，無有間斷。身、語、意業，無有疲厭。

這一段經文，也是和前面一樣的。

復次，善男子！言常隨佛學者，

解 隨，是跟隨佛，看佛怎樣的修成佛？我就跟隨了佛，常常學佛的樣子來修行。

釋 說到一個常字，就是永遠跟隨佛，永遠不離開佛，永遠學佛的種種修法。佛修的是什麼功德？我也修什麼功德。哪怕怎麼難行？怎麼苦行？凡是佛修的，我都不怕難、不怕苦，一定至誠懇切的跟隨來學、跟隨來修。不可以修了修，又不修了。學了學，又不學了。也不可以跟了跟，又不跟了。跟跟，不跟。學學，不學。修修，不修。這就不能夠說常隨了。

如此娑婆世界，毗盧遮那如來，從初發心，精進不退，以不可說不可說身命，而為布施。剝皮為紙，析骨為筆，刺血為墨，書寫經典，積如須彌。為重法故，不惜身命，何況王位、城邑、聚落、宮殿、園林，一切所有。

解

娑婆，是梵語，翻譯成中文，是堪忍兩個字，就是能夠忍耐苦惱的意思。

娑婆世界，就是我們現在所住的世界。

毗盧遮那，也是梵語，翻譯成中文，有幾種的說法。大家用慣的，是遍一切處四個字，就是說佛的光遍照一切的地方。

毗盧遮那如來，就是本師釋迦牟尼佛。

析字，是分開的意思。

書寫的**書**字，就是寫的意思。

經典，就是佛說的各種經，和講佛法的各種書。

邑，是一個縣份。不論是城內，或是城外，凡是屬這一個縣份的土地，都完全包括在裏面。

聚落，是聚集了許多人，到人煙稀少的鄉下去、團聚起來，就成了一個鄉村了。

釋

像這娑婆世界的教主毗盧遮那佛，從他剛剛發求成佛的心起，一直勇猛精進，沒有一點懶惰退縮的心。因為要勸化眾生，救度眾生，只要眾生能夠得到利益，那怕把他自己的身體、性命，來布施給眾生，也是願意的。佛所布施的身體性命，簡直有不可說不可說那麼的多。

佛的布施身命，是把自己身上的皮，剝下來當做紙用。把自己身上的骨，分開來當做筆用。把自己身上的血，刺出來當做墨用。用這種特別的筆、墨、紙，來寫各種的經典。所寫的經典，堆積起來，竟然有像須彌山那麼的高大。

為的是什麼呢？都是為了尊重佛法，才不惜自己的身體、性命，用自己的皮、骨、血，來寫這麼多的經典。

佛自己身體上的皮、骨、血，都可以不憐惜，肯拿來當做紙、筆、墨用，何況身外的王位呢？那當然肯放棄了。放棄了王位，放棄了王所應該有的城邑、聚落，放棄了王所應該享受的王宮、金殿、花園、樹林，一切的一切，也自然都一起放棄了。一點也沒什麼捨不得，所以下面用「種種」兩個字來包括了。

及餘種種，難行苦行，乃至樹下，成大菩提，
示種種神通，起種種變化，現種種佛身，處種種眾會。
或處一切諸大菩薩，眾會道場，
或處聲聞、及辟支佛，眾會道場，
或處轉輪聖王、小王眷屬，眾會道場，
或處剎利、及婆羅門、長者、居士，眾會道場，
乃至或處天龍八部、人非人等，眾會道場。
處於如是，種種眾會，以圓滿音，如大雷震，
隨其樂欲，成熟眾生，乃至示現，入於涅槃。

解

神，是不可以揣測的意思。

通字，是沒有妨礙的意思。

神通，是心性的力量，心性的作用。

佛身有三種，一種叫做法身，一種叫做報身，一種叫做應身。（這三種身，下面就會講明白。）

處字，和在字差不多。

轉輪聖王，是人世界上最大的王，威力很大，所受的福報，也很大。他有一千個兒子，七種寶貝。七種寶貝裏，有一種寶輪。

輪王總共有四位，在每位腳底下，都有一個一千輻的寶輪。（輻、是輪盤中間的直木，用來撐住輪盤的。）輪王的寶輪分金、銀、銅、鐵四種。有金輪的，就稱金輪王。有銀輪的，就稱銀輪王。有銅輪的，就稱銅輪王。有鐵輪的，就稱鐵輪王。這四種輪轉動起來，都能夠在空中飛行。

在須彌山的外面，是香水海、七金山。再外面，是鹹水海，在鹹水海的海面上，東、南、西、北，各有一個大洲。**金輪王**，是統管東、南、西、北四個大洲的。**銀輪王**，是管東、南、西三個大洲的。**銅輪王**，是管東、南兩個大洲的。**鐵輪王**，是單單管現在我們大家住的南瞻部洲的。

小王，是我們娑婆世界上各國的國王。因為照佛法講起來，一切境界，都是大得不得了的，一位天王所管的地方，就不曉得要大到怎樣的大。但是，看這個世界上管一個國的王，就覺得非常小了，所以就稱他們為小王。

眷屬，是小王的家屬等一切人。

剎利，是梵語，翻譯成中文，是田主，也可以說是王或是王種。（王種，他們世代是做王的，所以稱王種。）

婆羅門，是印度國西天竺地方，四個大族裏面的一族。婆羅門，也是梵語，翻譯成中文，是淨行兩個字。因為這一族的人，都喜歡清淨，怕煩惱，並且大半都是修婆羅門教。（婆羅門教，就是修清淨的。）

長者，是稱道德高、年紀大的人。

居士，是在家修學佛法，不造惡業的人。

天，是從我們頭頂上起，一直向上總共有二十八層天。

八部如下：

第一、是**天**。

第二、是**龍**一類的動物。

第三、是**夜叉**。（能夠在空中飛行的神鬼，要吃人的。）

第四、是**乾闥婆**。（是帝釋那裏作樂的神。）

第五、是**阿修羅**。（是六道眾生裏的一道，他們前生也修福，不過因為發火心太旺，所以落到阿修羅道裏去了。他們常常和帝釋戰鬥，很厲害的。）

第六、是**迦樓羅**。（是一種大到不得了的鳥，他們的兩只翅膀張開來，左右兩邊，簡直要隔開到三百三十六里之遠哩！也是極兇狠的。）

第七、是**緊那羅**。（也是帝釋那裏作樂的神，不過這個樂神，是作法樂的。作起樂來，發出來的聲音，都含有講演種種佛法的意義在裏面。聽的人聽到了這種法樂，就會啟動他們修佛、修善的心。不過他們頭上生角，所以也有人叫他們人非人。人，是世間之人。非人，是天、仙、修羅等。）

第八、**摩睺羅伽**。（又叫大蟒神。也是帝釋的樂神。他們的身體，和人是一樣的，不過他們的頭，是像蛇一樣的。）

樂欲的樂字，讀做要字音。

佛不但有上面所說的各種布施，還有種種難行、苦行的功德，說也說不完的。（行字，是修的功夫。難行，是很不容易修的意思。苦行，是修得很苦的意思。）

釋

佛本來是一位太子。在印度的東北，有一個迦毗羅國，他們的國王，名字叫淨飯王，淨飯王的夫人，名字叫摩耶夫人。在周朝的昭王二十六年四月初八日，佛從摩耶夫人右邊脅骨中間，（脅骨，是在肩下面的骨，俗語叫肋膀骨。）生下了一位太子。後來長大了，看見這個世界上的人，受種種苦惱，就決定要離開這個世界，出家去修行。到了十九歲，就出家了，情願忍耐受種種苦行，修到三十歲，就成佛了。後來在各處地方講說佛法，勸化眾生，救度眾生，到七十九歲，在拘尸那城外，一大株娑羅樹底下涅槃了。（拘尸那，是印度國的一個城名。）

這裏的**乃至**兩個字，是從前面佛修的種種難行、苦行，一直到娑羅樹下涅槃為止。在這期間，表現出種種的神通來。

神通，是心性的作用，沒辦法猜測的，也沒有阻礙的，所以叫神通。佛的神通，有六種，（六種，講起來很複雜，並且和這第八大願，常隨佛學，沒有什麼大關係，所以不另行解釋了。）佛得道成佛之後，就能表現種種的神通。

說到種種，就不只是一種、二種的神通了。（要曉得大略情形，可以查看《阿彌陀經白話解釋》，「供養他方十萬億佛」一節底下，有六種神通的解釋。）

佛不但是表現種種神通，還要生出種種的變化哩！轉換舊的本質，叫變。（本質，是本來的質地。）本來沒有的，忽然有了，叫化。佛的變化，有十八種，佛得道成佛之後，就能夠生出種種的變化來，所生出的變化，是種種變化都有，不只是一種、二種的變化。

這六種不同的神通，十八種不同的變化，聲聞、緣覺，也都有的。但是佛的神通變化，比聲聞、緣覺、要勝過無數倍。

佛不但是生出種種的變化，還要現出種種的佛身來。一般說起來，佛有三種身。一種叫**法身**。（前面已經講過了。）一種叫**報身**，那是因為佛所修的種種大功德，修得長久了，功德也積得多了，現出這種莊嚴的身相來，享受種種快樂的福報。一種叫**應身**，那是眾生的根機、緣分感動了佛，佛就現出這種身相，到各處世界上來，度脫有緣的眾生。（佛現出三種身相，就有三種名號。毗盧舍那，是**法身佛**的名號。盧舍那，是**報身佛**的名號。釋迦文，是**應身佛**的名號。三身，在《阿彌陀經白話解釋》裏，講得很詳細。）這是大家說慣的一種說法。

還有一種說法，就有十種身了。

第一、**衆生身**。（就是六道眾生那樣的身相。）

第二、**國土身**。（就是六道眾生所依的國土，盧舍那佛因為要應眾生的機，所以現出這種國土的身相，其所現國土的身，就是盧舍那佛的佛身。）

第三、**業報身**。（因為有業，應該受業報，所以現這種身相。）這個身體，本來是受報的。積善業，得福報。積惡業，得苦報。所以叫業報。

第四、**聲聞身**。

第五、**緣覺身**。
第六、**菩薩身**。
第七、**如來身**。
第八、**智身**。（佛身所證得的真實智慧。佛的身體、完全是圓明的智慧修成的，所以叫智身。）
第九、**法身**。（佛身所證得的真實理性。）
第十、**虛空身**。（離垢染、清淨二種相，是沒有形相的靈性實體。雖然沒有形相的實體，但是仍舊能夠周遍法界。）是像虛空那樣，沒有名稱、沒有形相、沒有窒礙、自由自在的身體，其實就是毗盧舍那如來的身相。

佛所以現種種的身相，都是為了要救度眾生，看眾生的機，應該現怎麼樣的身相，才可以度他，佛就現怎麼樣的身相，去向他說法，勸他修道成佛。

佛常常到各處各種的法會裏去，或是到一切大菩薩的許多法會道場去，（道場，是講佛道的場子，其實就是法會。）或是到聲聞、辟支佛的許多法會道場去，或是到轉輪聖王、小王、眷屬的許多法會道場去，或是到田主、婆羅門、長者、居士的許多法會道場去。不要說這些人的法會道場了，就是天龍八部、人、非人等的許多法會道場裏，佛也會化成他們眷屬那樣的身相，或化成別種身相，去勸化他們，佛只要看見了有緣的眾生，沒有一處不去勸化的。

在上面所說的種種法會道場裏，都發出又圓轉、又充滿的聲音，像天上的雷震動一樣。隨眾生所喜歡聽的各種佛法，為他們講演，使他們修學到成熟的地位。（成熟兩個字的意思，是已經到了成功的地位，像種的瓜已經熟了一樣。）佛從成佛之後，這樣毫不停歇的遊行各處，說法度生，一直到示現入涅槃，才算功德圓滿。

如是一切，我皆隨學。如今世尊，毗盧遮那。

解 **如是**兩個字、指上面所說的種種，都包括在裏面了。

釋 像上面所說佛從出家修學起，一直到成佛坐道場，說法度眾生，種種的難行苦行，佛是跟隨了古佛學的。我也要樣樣跟隨佛，安心耐苦的修學。

如是盡法界、虛空界，十方三世，一切佛剎，所有塵中，一切如來，皆亦如是。於念念中，我皆隨學。

解

塵中，是說在一切佛剎，所化成像微塵那樣細粉的裏面。

釋

上面說**我皆隨學**，是說跟隨本師釋迦牟尼佛修學。這一段、是說把盡法界、虛空界、十方三世、一切佛剎，都化成了微塵，所有在極微塵數裏的一切佛，也跟隨了本師釋迦牟尼佛那樣的修學。

不但是這樣跟隨修學，要曉得佛字是覺悟的意思，一念覺悟，就是一佛出世，念念覺悟，就有無窮無盡的佛出世。念念在想佛，就念念在跟隨佛修學，沒有一念不想佛，就沒有一念不跟隨佛修學，所以說**於念念中，我皆隨學**。

如是虛空界盡，眾生界盡，眾生業盡，眾生煩惱盡，我此隨學，無有窮盡。念念相續，無有間斷。身、語、意業，無有疲厭。

這一段的意思，是依照了上一段說的。上一段說，於念念中，我皆隨學。要曉得人的一**念一念**，永遠不停歇，也永遠沒有窮盡。一念一念，既然沒有窮盡，那麼隨學，也自然隨著一念一念，永遠沒有窮盡了。這一段文字，同前面各大願的歸結處是一樣的，也不再多解釋了。

復次，善男子！言恆順眾生者，

解 恆，是常常或不停歇兩種的意思。

順字，是依順、不違背的意思。

釋 這是普賢菩薩第九個大願心。十方世界無量無邊的大。眾生的種類，無量無邊的多。眾生的根性，又是千差萬別，各不相同。如果要常常依順他們，實在是很不容易。

佛是覺悟的，已經成道的，可以跟著學的，所以叫常隨佛學。但是眾生是迷惑的，有善、有惡，不可以跟隨著他們學的。只可以依順了他們的根性是怎樣的，就隨順了他們的根性、針對他們的根性，去勸化他們，使他們容易相信、容易依從。善的，就能夠格外善了。惡的，也能變成善的。

這個順字，一定要分別清楚。若是碰到做惡事的眾生，那不但不可以依順他們，一起去做惡事，應該用正當的道理，切切實實勸化他們，儆戒他們。倘若他們不肯聽、不肯改，那麼就是用威力，強迫他們，改惡從善，也是應該的。要曉得佛的**順眾生**，是佛的一片**平等大慈悲心**（平等大慈悲心，是說佛對一切眾生，都發一樣的大慈悲心，沒有一點輕重、大小的分別，叫平等。）是一定要把所有的眾生，個個脫離種種的苦，個個得到種種的樂，才可以算是真實的順眾生。

說到這個順字，應當要經常順的，不可以今日順了，明日又不順了。也不可以對這個眾生是順的，對那個眾生又不順了。一定要天天順，個個順才可叫恆順。若是有一個眾生不依順，或是有一剎那的時間不依順，那就不可以叫恆順了。也就不是普賢菩薩的第九大願了。

謂盡法界、虛空界，十方剎海，所有眾生，種種差別。所謂卵生、胎生、濕生、化生。或有依於地水火風，而生住者。或有依空及諸卉木，而生住者。種種生類，種種色身，種種形狀，種種相貌，種種壽量，種種族類，種種名號，種種心性，種種知見，種種欲樂，種種意行，種種威儀，種種衣服，種種飲食，處於種種村營、聚落、城邑、宮殿。

乃至一切天龍八部、人非人等。無足、二足、四足、多足。有色、無色。有想、無想，非有想、非無想。

解

卵，大的叫蛋，小的叫子。

卵生，是在卵裏面，身體生長完成了，破了卵的殼，生出來的。

胎生，是在胞胎裏面，身體生長完成了，破了胞衣、生出來的。

濕生，是在潮濕的地方，得到了生氣、生出來的。

化生，是變化出來的，像蠶會化成蛾那樣的。

兩隻腳的鳥類，和水裏的動物，（動物，就是有生命的活物。）大都是卵生的。人和龍，還有四隻腳的獸類，大都是胎生的。有些小蟲，像蜒蚰、螞蟥等，都是濕生的。旱地上的蝶、蚊、蠅等，和水裏的蚌、蛤等，都是化生的。

又天道，只有化生。人道，只有胎生。阿修羅道、畜生道，都是四生全有的。鬼道，胎生、化生都有的。地獄道，只有化生。

依字，是依靠的意思。

卉，就是草。

生類，是活的東西，有生命一類的東西，人也歸在這生類裏面。

色身，照我們世俗人講起來，就是我們這種有眼、耳、鼻、舌、血肉、皮骨的身體。若是照佛法講起來，就要說色身是**地**、**水**、**火**、**風四大**，（身上的皮肉、筋骨、齒爪、毛髮、腦髓、都歸在地大裏。膿血、精液、涕淚、涎痰、都歸在水大裏。煖氣、歸在火大裏。呼吸、動作、歸在風大裏。簡單說，就叫做四大。）和色、聲、香、味、觸五塵，和合而成這個身體。（五塵，在《朝暮課誦白話解釋》卷首的佛法大意裏，講得很詳細。）

欲樂的**欲**字，是要或喜歡兩種意思。**樂**字、是喜歡、快樂的意思。

意，就是心裏的意思。

行，是外面做出來的行。

威，是容貌端正、嚴肅的意思。

儀，是行、住、坐、臥，都有禮貌的意思。

在空地上，用竹木和布類，搭成了帳幕，（幕，是用大幅的布張起來，可以遮蓋一切，像帳篷差不多。）人就住在這帳幕裏，要搬遷，就搬遷，容易得很，這就叫**營**。

無足的動物，是蛇一類的。

二足，是人和鳥一類的。

四足，是獸一類的。

多足，是百足蟲一類的。

有色，是指**色界**，（從我們這個世界的最下一層地獄起，向上經過我們現在所住的世界，一直到他化自在天，總共有六層天，都叫欲界。再上去，總共有十八層天，叫做色界。）這個色界上的人，只有男人，沒有女人的。所以都沒有淫欲的，不過這些人，都還有形相、顏色，可以看得見的色身，（因為還有形相、顏色，可以看得見，所以叫色身。）所以叫色界。

無色，是指**無色界**。（從色界再上去有四層天，住在這四層天上的人，連形相、顏色都看不見了，所以叫無色界。）

有想，是指**識無邊處天**。因為這一層天上的人，已經是沒有形相、顏色的了，他們只依靠了五蘊裏的識、想兩蘊，做生命的，所以叫有想。（天總共有二十八層，這識無邊處天，是第二十六層天，上面的無所有處天，是第二十七層天。識字，是五蘊裏的第五蘊。想字，是五蘊裏的第三蘊。這些名稱，講起來很複雜，並且和這第九大願，恆順眾生，沒有什麼大關係，所以不再講了。若是要曉得詳細的解釋，可以請《阿彌陀經》、《心經》兩種白話解釋來看看，都講得很明白。）

無想，是指**無所有處天**。因為這一層天上的人，能夠伏住第七識，（伏住、是住在那裏不讓他動的意思。第七識、和下面的第八識，在《佛法大意》裏，都有詳細解釋。）沒有妄想的分別心，所以叫無想。

非有想、**非無想**，指**非想非非想處天**。（這一層天、是最高的第二十八層天了。）因為這一層天上的人，都是修學定力，已經功夫很深，能夠用他們的定力，來制伏第八識，使這第八識，像已經熄滅一樣，所以叫非有想。但是定力倘若稍稍有點不滿足的時候，這第八識還有點存在，所以叫非無想。

釋 這是普賢菩薩第九大願。所說的眾生，把盡法界、盡虛空界、盡十方剎海、種種各不相同的眾生，都包含在裏面，沒有一種眾生漏掉。

所有卵生的、胎生的、濕生的、化生的、或是依靠了地生的、或是依靠了水生的、或是依靠了火生的、或是依靠了風生的、還有依靠了空生的、或是依靠了各種草木生的、像上面所說的各種，都是依種種依靠而分別的。

講到有生命一類的，那就是天上有六欲天。（六欲天、總共有六層。第一層四天王天。第二層忉利天。第三層夜摩天。第四層兜率天。第五層化樂天。第六層他化自在天。生在這六層天上的人，都有男女情欲，所以叫欲界，也叫六欲天。）人世間有四大洲。（就是須彌山四周圍的四大洲。東邊的大洲，叫東勝神洲。南邊的，就是我們所住的南贍部洲。西邊的，叫西牛貨洲。北邊的，叫北俱盧洲。）

還有生羽的、（羽，就是毛。凡是鳥一類的翅膀上的長毛，叫羽。）生鱗的、（生在魚類身上的，）生甲的。（生在龜鱉身上的。）千差萬別，各式各樣，多得很哩！

講到色身，有粗的、有細巧的。

形狀，有豎的、（人類。）有橫的。（畜生類。）

相貌，有醜陋的、有美麗的。

壽命，有長的、有短的。

種族，有貴的、有賤的。

心性，有剛強的、有溫和的。

知見，有邪的、有正的。

欲樂，有善的、有惡的。

意行，有穩定的、有散亂的。

威儀，有浮動的、有鎮靜的。

上面所說的各種，是表示種類的差別。

講到衣服飲食，也各有珍貴的、粗劣的。一切的一切，都像河沙那樣的多，

（河沙，是河裏面的泥沙。）怎麼說得盡呢？所以都用種種兩個字來包括了。從衣服到宮殿，是說受用的千差萬別。

上面所說的各種各類的眾生，都住在各種的鄉村、帳篷、聚落、城邑、宮殿裏。不但是上面所說的各種眾生，還有天龍八部、人、非人等，無足、二足、四足、多足、有色、無色、有想、無想、非有想、非無想、一切的眾生哩！

如是等類，我皆於彼，隨順而轉。種種承事，種種供養，如敬父母，如奉師長，及阿羅漢，乃至如來，等無有異。於諸病苦，為作良醫。於失道者，示其正路。於闇夜中，為作光明。於貧窮者，令得伏藏。菩薩如是，平等饒益，一切眾生。

解

如是兩個字，是指前面所說的各種各類的一切眾生。

承事，是服侍、伺候的意思。

伏藏的**伏**字，是隱瞞的意思。**藏**字，是收放珍寶、衣物的庫藏。

菩薩，是指發恆順眾生大願的人。

饒字，是多的意思。

饒益，是很多的利益。

釋

像上面所說的各種各類的眾生，應該要怎樣的隨順他們，我就怎樣的隨順。一切都隨了他們的意思，來轉變我的隨順方法。

我用種種方法，服侍他們。用種種物品，供養他們。眾生雖然不是生我的父母，但是我恭敬他們，像恭敬生我的父母一樣。眾生雖然不是教導我的師長，也不是阿羅漢，但是我服侍他們，像服侍我的師長和阿羅漢一樣。我服侍他們，供養他們，竟然像服侍供養佛一樣的平等隨順，沒有絲毫兩樣，所以叫**等無有異**。

乃至兩個字、是簡便說法，把服侍供養辟支佛、菩薩、都包括在裏面了。

若是見到有疾病痛苦的眾生，我情願做他們的好醫生，給他們醫病，給他們服藥。

如果有迷路的眾生，我情願引領他們走正大的路。

在黑暗的夜間，我情願做明亮的燈光去照他們。

碰到貧窮的眾生，我願意拿我所有的珍寶，分給他們，使他們也有隱密收放珍寶的庫藏，可以永久的享用。

這些是照字句的解釋，如果講得深一點，為作良醫一句，是說生死煩惱，是眾生的病苦，用佛法來勸導眾生，能夠斷煩惱，了生死，是良醫。不明瞭佛道，是貧窮，明瞭自心本來是佛，就是得到了埋在地底下的伏藏了。

發願依順眾生的菩薩，要像這樣的不分高下，一律平等的依順，使一切眾生得到很大的利益。

何以故？菩薩若能隨順眾生，則為隨順供養諸佛。若於眾生尊重承事，則為尊重承事如來。若令眾生生歡喜者，則令一切如來歡喜。

解

尊重承事四個字，要像上面所說的如敬父母，如奉師長，及阿羅漢，乃至如來那樣的服侍供養。

釋

普賢菩薩先問一句道：對佛隨順，當然是應該的，但是為什麼？對那眾生，要這樣事事隨順呢？

大家要曉得，菩薩如果能夠隨順眾生，就是隨順供養諸佛。

如果能夠尊重承事眾生，就是尊重承事諸佛。

如果能夠使眾生生歡喜心，就是使一切諸佛生歡喜心。

因為佛是喜歡隨順眾生的，所以菩薩若是能夠隨順眾生，就是隨順了佛的心念，所以說就是隨順供養諸佛。

佛又喜歡尊重承事眾生，菩薩若尊重承事眾生，就是隨順了佛的心，所以說就是尊重承事如來。

佛又喜歡眾生生歡喜心，菩薩若是使眾生生歡喜心，就是隨順了佛的心，所以說就是使一切如來歡喜。

何以故？諸佛如來，以大悲心，而為體故。因於眾生，而起大悲，因於大悲，生菩提心，因菩提心，成等正覺。

解

體字的解釋，本來就是體質、質地。諸佛如來拿大悲心為體，是說佛的體質，完全只有這種大悲心，除了大悲心，就沒有別的體質了，所以說諸佛如來，以大悲心為體。

等正覺，就是正等正覺，不過省了一個正字罷了，意思還是和正等正覺一樣。成正等覺，就是成佛的意思。

釋

這一段經文的意思，是說同體大悲的，我先把**同體大悲**四個字，講明白，再講經文，就更加容易明白了。佛把一切眾生的身體，和自己的身體，視為一個身體，沒有你我的分別。看見眾生受苦惱，像自己受苦惱一樣，設想種種方法，來拔除眾生的種種苦惱。把種種的樂趣，施給眾生。這就叫同體大悲。（悲心，是見到旁人苦惱，發救濟旁人的心。凡有大悲心的人，也是很多的。不過凡夫的悲心，是很小的，佛菩薩的悲心，就很大了，所以稱大悲。）

佛所以能夠有這同體大悲心，是因為佛的全體，完全是大悲心造成的。佛因為哀憐眾生，起這種大悲心。又因為有這樣深切廣大的大悲心，一切都覺悟了。因為一切都覺悟了，就成了佛。所以說佛的全體，完全是大悲心所造成的。

譬如曠野沙磧之中，
有大樹王，若根得水，枝葉花果，悉皆繁茂。

解

曠字，是空曠的意思。
曠野，是空曠的荒野，沒有人住的地方。
磧，是小石塊。
大樹王，是那種極大極大的樹，也是各種樹裏面最大的樹，所以稱做王。
（下面的菩提樹稱王，也是這個意思。）
繁茂，是種在泥土裏的東西，長得很興發、茂盛的意思。

釋

這一段經文，完全用譬喻的方法來說。
曠野，譬喻生死。

大樹，譬喻菩提。（菩提，是梵語，翻譯成中文，有幾種意思。可以說是無上智慧，也可以說是無上佛道，也可以說是覺悟的意思。）

根，譬喻一切眾生。

水，譬喻佛的大悲心。

枝葉，譬喻人、天、聲聞、緣覺。

花，譬喻菩薩。

果，譬喻佛。

這是分開了一句一句講的。

若併起來講，是說譬如在荒野的地方，沙泥石塊中間，有一株很大的樹，沒有人拿水去澆灌，當然要乾枯死了。若是樹根上，有水去澆灌了，那麼樹的枝葉，自然就會長大了。花也會開了，果也會結了。一切都很興發、茂盛起來了。這是比喻凡夫修學佛道，就可以成佛了。

生死曠野，菩提樹王，亦復如是。一切眾生，而為樹根，諸佛菩薩，而為花果。以大悲水，饒益眾生，則能成就，諸佛菩薩，智慧花果。

解 **生和死**，是絕對相反的，一點也沒有什麼方法，可以改變的。不能夠要他生就生，要他不死就不死的。這是比喻曠野地方，儘管撒下種子，還是不會生長的。

如是兩個字，是指上面一節所說的幾句話。

釋 上面一節，所說的曠野沙磧中間，撒下去的種子，只會枯死，不會生長，那是自然的道理。**菩提樹王**，是比喻佛的。佛，所以能夠成佛，也全靠澆灌的。佛在沒有成佛之前，和眾生是一樣的，也是迷惑不悟的。不過佛能夠破除迷惑，漸漸的修上去，修到功夫深了，覺悟了，就成了佛了。

所以說一切眾生，是菩提樹的根。就是說，眾生是佛菩薩的根本。諸佛菩薩既然是從眾生修成的，那就可以說諸佛菩薩，就是菩提樹上開出來的花，結出來的果了。所以說諸佛菩薩，是樹的花果。

但是，尋常的樹，要生長起來，只要澆灌些江河的水，就夠了。現在要澆灌眾生的樹根，使他們開花結果，那一定要用**大悲水**，（大悲水，是佛菩薩用大慈悲心，來教化眾生，修學佛法。）才能夠使眾生，得到很大的利益。得到很大的利益，是什麼呢？就是眾生都能夠修成，像諸佛菩薩一樣的智慧花果。修成智慧花果，就是修成佛，修成菩薩。

何以故？若諸菩薩，以大悲水，饒益眾生，則能成就，阿耨多羅三藐三菩提故。

解

阿耨多羅三藐三菩提，是梵語，翻譯成中文：**阿**，是無字。**耨多羅**，是上字。**三**，是正字。**藐**，是等字。**菩提**，是覺字。合起來說，就是**無上正等正覺**六個字。分開來講：無上，是最高、最上的意思。正等，是沒有邪見偏見的意思。（邪見，是種種不合正當道理的見解。偏見，也可以叫邊見，就是不正的見解，偏在一邊的見解。在《阿彌陀經白話解釋》，「彼諸佛等亦稱讚我不可思議功德」一節底下，有詳細註解。）

釋

何以故三個字，是反問一句，就是說為什麼諸菩薩要把大悲水去利益眾生，使眾生都能夠成佛、成菩薩呢？

要曉得、要使智慧能夠圓滿成就，一定不可以有「旁人和我」的分別心。一定要有「一切眾生都是我心裏現出來的眾生」。眾生就是我，我就是眾生。使眾生得到利益，就是我得到利益。使眾生智慧圓滿，就是我智慧圓滿。

所以若諸佛菩薩用大悲水來利益眾生，就是諸佛菩薩自己得到利益，就是諸佛菩薩自己能夠成為正等正覺的緣故。

是故菩提，屬於眾生。若無眾生，一切菩薩，終不能成，無上正覺。

解

屬字，是歸屬的意思，是所有的意思。

釋

上面說，菩薩以大悲水來利益眾生，菩薩自己就能夠成佛。照這樣說起來，成佛不成佛，全靠在眾生身上了。有了眾生，菩薩才能夠以大悲水去利益他們，使他們修學佛法，成佛菩薩。因為有了眾生，諸菩薩才能夠積這樣的大功德，才能夠成佛的。所以說菩提屬於眾生。若沒有眾生，菩薩的大悲水，就沒有地方可用，也就沒法積這樣的大功德，就不能夠成佛了。

善男子！汝於此義，應如是解。以於眾生，心平等故，則能成就圓滿大悲。以大悲心，隨眾生故，則能成就供養如來。

解

義，就是意思。

此義，是指上面一層一層詳細所講的意義。

如是解，是指應當照上面的解釋。

釋

普賢菩薩又向法會的聽眾，叫一聲道：善男子呀！你們聽了上面明白透徹的種種意義，應該照上面所講的種種，覺悟了解。

因為對待一切眾生，一律平等，沒有人我高下的分別，就能夠常常隨順眾生，使大悲心漸漸的增長起來，圓滿成就起來。

能以大悲心來隨順眾生，就是供養諸佛。因為隨順眾生，就是隨順諸佛。

菩薩如是，隨順眾生，虛空界盡，眾生界盡，眾生業盡，眾生煩惱盡，我此隨順，無有窮盡。念念相續，無有間斷。身、語、意業，無有疲厭。復次，善男子！言普皆回向者，

解

回字，是回轉來的意思。

向字，是歸向的意思。

釋

把自己所修的功德，回轉來歸向到某一種事情上去，叫做**回向**。譬如本來向東面的，現在回轉來，向西面了。回向有三種。

第一種、叫**回事向理**，是把修的種種事相，回轉來歸向到理性上去。像前面第三大願，廣修供養，先講財供養，就是事相，後來說到法供養，就歸向到理性上去了，這就是回事向理。

第二種、叫**回自向他**，是把自己所修的功德，回轉來歸向到十方三世一切眾生的身上去。完全把功德布施給眾生，所以叫回自向他。

第三種、叫**回因向果**，是起初修功德，是為了求福報，那麼這個修功德的因，是求福報。後來把修求福報的因，回轉來歸向到修求成佛的果上去，希望將來成佛，所以叫回因向果。

還有一種，叫**回小向大**，那是起初修的是聲聞、緣覺的小乘法，只曉得自己修自己了脫生死，沒有度人的大願心。後來聽到了佛說大乘法，就把所修只顧自己了生死的小願心，回轉來歸向到度人的大願心上去，專心修無上佛道了，所以叫回小向大。

現在第十大願所說的普皆回向，看了下面一段，就都能夠明白了。

從初禮拜，乃至隨順，所有功德，皆悉回向，盡法界、虛空界、一切眾生。

解

禮拜，就是第一大願，禮敬諸佛。

隨順，就是第九大願，恆順眾生。

用**乃至**兩個字，也包括第二大願，稱讚如來，一直到第八大願，常隨佛學，七個大願在裏面。

釋

這裏所說的普賢**回向**，就是從第一大願，禮敬諸佛，一直到第九大願，恆順眾生，所有修的大小種種功德，完全回轉來，歸向到盡法界、虛空界、所有的一切眾生身上去。

願令眾生，常得安樂，無諸病苦。
欲行惡法，皆悉不成。所修善業，皆速成就。
關閉一切，諸惡趣門。開示人天，涅槃正路。
若諸眾生，因其積集，諸惡業故，
所感一切，極重苦果，我皆代受。
令彼眾生，悉得解脫，究竟成就，無上菩提。

解

惡趣，就是惡道，是地獄、餓鬼、畜生三種惡道。

閉字，和關字一樣的意思。

感，是感動、感應的意思，譬如說因為造了惡業的因，就會結成苦報的果，這個苦果，就是惡業感應來的。

集字，是聚起來的意思。

釋 這一段經文，就是上面所說的**回自向他**的一種回向。要回向一定要發願的，發願的意思，就是回向的意思。下面所說的種種回向眾生，所發的願都是把自己的功德，回轉來歸向到眾生身上去的。

願意一切眾生常常得到安樂，沒有種種病痛、苦惱。

眾生如果要做惡的事情，願意他們都做不成。

眾生如果要修善業，願意他們趕緊修成。眾生只修善業，不造惡業，就可以不墮落到惡道裏去了，惡道就可以空了。

令一切眾生，不行惡法，便是把一切惡道的門都關起來了。

令一切眾生修行善業，便是把一切人道、天道，和佛、菩薩、聲聞、緣覺、等涅槃的正當大路開闢出來了。

若一切眾生，因為積聚了許多惡業，感應到一切極重的苦報應，（結苦果，就因為造了惡業，所以苦果就是苦報應。）我都願意代替他們去受。

使得一切眾生，都可以自由自在，不受苦報的束縛。歸根結底，使他們都能成就佛道。

菩薩如是，所修回向，虛空界盡，眾生界盡，眾生業盡，眾生煩惱盡，我此回向，無有窮盡。念念相續，無有間斷。身、語、意業，無有疲厭。

這一段文字，和前面各大願的歸結處是一樣的，所以也不再解釋了。

善男子！是為菩薩摩訶薩，十種大願，具足圓滿。若諸菩薩、於此大願，隨順趣入，則能成熟一切眾生，則能隨順，阿耨多羅三藐三菩提，則能成滿，普賢菩薩諸行願海。是故善男子！汝於此義，應如是知。

解

菩薩摩訶薩，本經起頭已經解釋過。

趣入的**趣**字，和入字一樣的，也是進去的意思。

成，是成就。

滿，是圓滿。

釋 普賢菩薩又叫了一聲善男子！（有人問：為什麼叫善男子的時候多，叫善女人的時候少呢？這是有兩種緣故。一種是聽眾裏，常常是男子多，女人少。一種是叫了男子，當然女人也聽見了，不必多叫了。）就接下去說道：這樣就是菩薩的十種大願，完全圓滿。

若是一切修行的菩薩，都能夠依順這十種大願，能夠趨入這十種大願，（趨字，和走字差不多的意思。）就能夠使一切眾生，個個成佛。（這是回自向他。因為把自己所修的功德，都歸到一切眾生身上，使一切眾生都成佛，所以說是**回自向他**。）能夠把自己所修的一切功德，完全都歸向眾生，使一切眾生，個個成佛，這種大功德，大到還得了嗎？所以自己就能夠隨順佛果，（這是回因向果。因為修的十種大願的功德，是成佛的因。修了成佛的因，就成就了正等正覺的果，所以說是**回因向果**。）也能夠成就圓滿了普賢菩薩的十種**行願海**了。（這是回事向理。因為修行人能夠依順了普賢菩薩的十大願，一願一願的修上去，便能夠把所修的功德，回自向他，回因向果。合了普賢菩薩的行願海，也合了諸佛希望眾生個個成佛的心理，這又是**回事向理**。）

用一個海字，是因為普賢菩薩這十種大願，實在大到不得了，所以用一個海字來比喻願力的大。）

因為十種大願，能夠得到成佛的果，所以你們善男子呀！應該要把這十種大願的種種義理，完全要像上面所講的那樣明白透徹的知道。

普賢菩薩說到這裏，又叫一聲善男子，那是菩薩的大慈悲心太切了，要聽眾格外注意的意思。

若有善男子、善女人，以滿十方，無量無邊、不可說不可說佛剎，極微塵數一切世界，上妙七寶，及諸人天，最勝安樂，布施爾所，一切世界所有眾生，供養爾所，一切世界諸佛菩薩，經爾所佛剎，極微塵數劫，相續不斷，所得功德。若復有人，聞此願王，一經於耳，所有功德，比前功德，百分不及一，千分不及一，乃至優波尼沙陀分、亦不及一。

解

上妙七寶，是**金**、**銀**、**珊瑚**、（珊瑚，是紅色的一種寶，出在海裏面的，這種寶現在也還有。）**硨渠**、（有些像白玉，有一條一條紋路，像車輪印成的樣子。）**瑪瑙**、（顏色是淡紅的，形狀有些像馬的腦子。）**赤珠**、（是紅色的珠。）**摩尼**。（是一種寶珠。摩尼，是梵語，翻譯成中文，有幾種說法，也有翻譯做如意珠的，就是可以稱你的心，要什麼就有什麼。這種寶珠又光明、又潔淨，污穢染不上去的，拿來放在污水裏，污水就會變成清水。這種寶珠，出自龍王或是摩竭魚的腦裏，倘若人得到了這種寶珠，毒不能夠害他，火不能夠燒他，真是極寶貴的一種珠。摩竭魚，是一種極大的魚，身體有三四百由旬長，最大的，有七百由旬。）

優波尼沙陀，是一個極大數目的單位。

爾所二字，古音讀如許。

釋

若是有**善男子**，**善女人**，（善女人，是包括比丘尼、式叉摩那、沙彌尼、優婆夷、都在裏面。

比丘尼，是出家受具足戒的女人。

式叉摩那，是梵語，翻譯成中文，叫正學女。凡是願受具足戒的沙彌尼，從十八歲到二十歲的兩年裏，教他學六種戒法，不淫、不盜、不殺、不說假話、不喝一切酒、不在不應該吃東西的時候吃東西，一面教化他們學法，一面試驗他們能不能夠守住這種戒法。

沙彌尼，是出家受十戒的女人。

優婆夷，是在家受五戒的女人。）把十方、無量無邊、不可說不可說的佛剎，化成了極細極細的粉，那麼多的世界，都裝滿了上等的寶貝，那寶貝多到不能夠用數目的單位來計算。

寶貝既然這樣的多，怎麼只說七種呢？這是揀選寶貝裏最好的金、銀、珊瑚、硨磲、瑪瑙、赤珠、摩尼七種，特地提出來說。別種寶貝，就不再多說了。這樣世界多到無量無邊、不可說不可說佛剎塵數，寶貝多到裝滿一切世界。這樣世界的大，寶貝的多，還得了嗎？

但是這些都是外財，（外財，是身體外的財寶。）若再把人天最勝的安樂，像人間的富貴壽考，天宮的種種快樂，用來布施給前面所說那麼多的一切世界的所有眾生。又來供養前面所說那麼多的一切世界的諸佛菩薩。（這是表示受布施供養的人多。）

並且要經過佛剎極微塵數劫，那樣長久的時期。還要接連布施，接連供養，不可以稍有間斷，像這樣大的功德，當然是大得不得了。

但是只要有人耳朵，聽到這十種的大願，所得到的功德，就比上面所說的布施眾生，供養諸佛的功德大多了。可以說百分不及一分，千分不及一分，那怕大到優尼沙陀分，也不及一分，這就可見聽經的功德實在大得不得了。

或復有人，以深信心，於此大願，受持讀誦，
乃至書寫，一四句偈，速能除滅，五無間業。
所有世間，身心等病，種種苦惱，
乃至佛剎，極微塵數，一切惡業，皆得消除。
一切魔軍，夜叉羅剎，若鳩槃荼，若毗舍闍，
若部多等，飲血啗肉，諸惡鬼神，皆悉遠離。
或時發心，親近守護。

解

持字，是捏住的意思。**受持讀誦**的**持**字，這裏做記住的解釋。

看了書念叫做**讀**，不看書念叫做**誦**。

無間，沒有間斷停歇的意思。犯極重罪的人，死了要到五無間地獄裏。

什麼叫**五無間**呢？

第一種、是**時無間**。凡是到這種地獄裏去的眾生，日日夜夜受刑罰，都要經過許多劫數，並且沒有一個時候停歇。

第二種、是**形無間**。形，是形狀。這個地獄，四周圍的牆，長有一萬八千里，高有一千里，牆是鐵的，上下中間，都是大火不停歇的在那裏燒，有鐵床一只，橫豎各有一萬里的長。一個人受刑罰，自己看見自己的身體，裝滿在這只鐵床上。千萬個人受刑罰，千萬個人，也都各個看見自己的身體，裝滿在這只鐵床上，都是一樣的形狀。（一個人也滿，千萬個人也滿，並且各個不妨礙，可見色身本來就是法身，法法都是融通無礙的。）

第三種、是**受苦無間**。地獄裏，種種刑罰的名稱，種種刑罰的器具，像刀山、劍樹、鑊湯、油鍋等，都要一件一件輪流受刑，而且接連不斷。

第四種、是**趣果無間**。（趣果的趣字，本來是去的意思。趣果，是在生的時候已經造了怎樣的罪業，死後就要趣向到應該受怎樣果報的地獄裏去。）不論男女老少，貧富貴賤，也不管是天神地鬼，凡是造了落地獄的罪業，就一定要受這種苦報應。

第五種、是**命無間**。落到地獄裏的罪人，從進去的時候起，總要經過百劫千劫的長時期。每一天一夜裏，總要死一萬次，生一萬次。隨死隨生，隨生隨死，不到所犯的罪業消滅盡時，這種苦報應，永遠不會間斷。

魔，是一種惡鬼，專門擾亂修道的人，破壞旁人做善事。

魔軍，是惡魔手下的兵。

夜叉，和羅刹差不多，都是惡鬼，都極兇狠，都要吃人的，身體都很輕靈，能夠在空中飛行很快。

鳩槃茶、**毗舍闍**，也是惡鬼。鳩槃茶，要吸人精氣的。毗舍闍，要啖人的氣的。（啖就是吃。）

部多，也是一種鬼。不過這種鬼，不是父母生的，是化生的。

飲，是喝東西，不論喝水、喝湯，都叫做飲。

釋 若是有人用他極深切的信心，把這十種大願，領受記住了。看書的人讀，不看書的人誦。哪怕只寫一個四句的偈，就可以立刻滅除五無間地獄裏，極苦極苦的刑罰。

所有這個世界上的各種病痛，或是身體上的病，因水受到的病、（因字，就是因為的意思。）因風受到的病、因熱受到的病、因鬼受到的病、還有心念上的病，像因懼怕受到的病、因驚嚇受到的病、因憂愁受到的病、因愚癡受到的病、有這樣多的種種病，就會發生那麼多的種種苦惱，還有像佛剎極微塵數那麼多的一切惡業，都可以完全消滅清淨。

所有一切的魔軍、夜叉、羅剎、鳩槃荼、毗舍闍、部多等等，要吸人血的、吃人肉的、許多惡鬼、或是種種惡神，完全都遠遠的離開這個讀經、寫偈的人了。並且這些種種的惡魔，有的不但不來害讀經寫偈的人，有時候他們也會發起善心來，親近保護這個讀經寫偈的人哩！這些妬忌佛法的惡鬼，都會變成了保護佛法的善神了。

大家想想看，這普賢菩薩十大願感化眾生的威力，大不大呢？照上面的種種說法，不但是能夠感化人，並且還能夠感化極惡的惡魔，使他們變成善神，若我們還不依照普賢菩薩所說十大願的種種修法去修學，怎麼對得起普賢菩薩呢？

是故若人，誦此願者，行於世間，無有障礙。
如空中月，出於雲翳。諸佛菩薩，之所稱讚，
一切人天，皆應禮敬，一切眾生，悉應供養。

解

雲翳，是青雲上面遮蓋的一層烏雲。（烏雲，是淡的黑雲。）

釋

像前面所說的種種惡業，都可以消滅。種種魔障，（凡是魔都要妨礙人行善修道的，所以稱他們做魔障。）都可以遠離。所以若有人肯讀誦這十個大願，不論他走到什麼世界，什麼地方去，一定沒有一點阻隔妨礙。譬如空中的月，透出在雲翳的外面，雲翳就不能阻礙月的光了。並且諸佛菩薩，還都要稱讚他，一切天上的人，世間的人，都應該禮敬他。一切的眾生，都應該來供養他。

此善男子，善得人身，圓滿普賢，所有功德。不久當如，普賢菩薩，速得成就，微妙色身，具三十二大丈夫相。

解

善得，是說這個善男子，得到了人身，能夠將這個身體，運用得當。不是白白的有了這個人身，冤枉用、胡亂用，所以叫善得。

微字，是微細和精巧的意思。

色身，就是我們現在這種血肉的身體。（在佛法裏說起來，我們這種身體，是地、水、火、風**四大**，和色、聲、香、味、觸**五塵**所造成的。四大、五塵，講起來很複雜，和這一段經文，沒有什麼關係，所以不另解釋。若要曉得，在《心經白話解釋》裏，講得很詳細。）

具字，和有字差不多的意思。

三十二大丈夫相，是三十二種很好的相，又溫和、又威嚴、又端正、又勇健、所以稱做大丈夫相。只有佛完全有這樣的三十二種相，轉輪聖王雖然也有三十二種好相，但是比較佛的三十二種大丈夫相，就差得遠了。

釋 這個讀誦十大願王的善男子，他得到了這個人身，會把這個身體用得很正當，很合佛菩薩的心念。修學普賢菩薩的十大願，修學普賢菩薩所有的功德，就像普賢菩薩一樣的菩薩了。

等到完全修學圓滿了，這個人不久就可以像普賢菩薩一樣，變成一個微妙奇巧的色身了，身體上也有三十二種大丈夫的好相。（**三十二相**：一、足安平相。二、千輻輪相。三、手指纖長相。四、手足柔輭相。五、手足縵網相。六、足根滿足相。七、足趺高相。八、腨如鹿王相。九、手過膝相。十、馬陰藏相。十一、身縱廣相。十二、毛孔生青色相。十三、身毛上靡相。十四、身金色相。十五、常光一丈相。十六、皮膚細滑相。十七、七處平滿相。十八、兩腋滿相。十九、身如獅子相。二十、身端直相。二十一、肩圓滿相。二十二、四十齒相。二十三、齒白齊密相。二十四、四牙白淨相。二十五、頰車如獅子相。二十六、咽中津液得上味相。二十七、廣長舌相。二十八、梵音深遠相。二十九、眼色如紺青相。三十、眼睫如牛王相。三十一、眉間白毫相。三十二、頂成肉髻相。

這三十二種相，如果都解釋清楚，實在太複雜了，並且和這一段經文，也沒有什麼關係，所以只把三十二種名稱提出來，只要大家曉得三十二大丈夫相，是哪些相就可以了。

大丈夫、是方正勇健的人，修行正道，勇猛不退的人。）

這個讀誦普賢菩薩大願的人，也就完全有了三十二種大丈夫相，那不就和普賢菩薩一樣了嗎！大家倘若羨慕普賢菩薩，要想像普賢菩薩一樣的特別好相，就應該趕快的修學普賢菩薩的十大願，不要錯過了，才懊悔不已。

若生人天，所在之處，常居勝族。

解

勝族，是貴族，就是俗人所說的大戶人家。

釋

若是這個修學普賢菩薩十大願的人，這一世上沒有受到像上面所說的那種好果報，他到了下一世，不論生在人道，或是生在天道，他終會生到貴族人家，而不會落到下賤人家去的。

悉能破壞，一切惡趣，悉能遠離，一切惡友，悉能制伏，一切外道。

解

制伏，是止住、壓住的意思。

外道，是不合佛法的教，不合真理的法，在佛法外立出什麼法來，或是立出什麼教來，都叫外道。

釋

這個修學普賢菩薩大願的人，不但永遠不會墮落到惡道裏去，並且還能夠破壞所有一切的惡道，能夠遠離一切的惡友，能夠制伏一切的外道，不讓他們妨害修正道的人。

悉能解脫，一切煩惱，如師子王，摧伏群獸，
堪受一切，眾生供養。

解

師子，就是獅子，是獸類裏最大最兇猛的，所以稱他為王。

摧伏，是用威勢來壓伏的意思。

堪字，是可以的意思。

釋

修學普賢菩薩十大願的人，能夠破除一切煩惱，得到自由自在，像獅子能夠用威勢來壓伏各種獸類一樣。這種修法的人，不但是能夠破除煩惱，還可以享受一切眾生的供養哩！

又復是人，臨命終時，最後剎那，一切諸根，悉皆散壞，
一切親屬，悉皆捨離，一切威勢，悉皆退失。
輔相大臣，宮城內外，象馬車乘，珍寶伏藏，
如是一切，無復相隨。
唯此願王，不相捨離，於一切時，引導其前。
一剎那中，即得往生，極樂世界。

解

諸根，是眼、耳、鼻、舌、身、意、六根。在佛法裏講起來，這六根是一個人和外面境界接觸的器官，有了這六根，才成了一個人，所以稱這六種東西，是成人的根本。

輔字，是幫助的意思。

輔相，就是幫助國王管理全國一切事情的宰相。

大臣，是國王手下高級的官。

極樂世界，就是西方極樂世界，（因為那個世界，只有種種樂趣，沒有苦惱的，所以叫極樂世界。）也叫淨土，（因為那個地方，完全是清淨的，沒有一點污穢的，所以叫淨土。）阿彌陀佛在那裏做教主。（極樂世界的好處，不是在這《華嚴經普賢行願品白話解釋》裏，能夠講得完的，若是要曉得詳細些，可以請一本《阿彌陀經白話解釋》來看看，就可以大概曉得了。）

釋 這個讀誦普賢菩薩十大願的人，到了他壽命快要完了的時候，最後的一剎那，所有眼、耳、鼻、舌、身、意、一切的根，完全散的散了，壞的壞了。（譬如，眼睛光散了，就看不見了。耳朵聾了，就聽不見了。）

一切的親戚、本家，完全丟棄了，離開了。

哪怕做國王的，到了這個時候，一切的威勢，都完全退失了。

平常跟隨他、輔助他的宰相和大的官員，還有京城裏、王宮裏、凡是國王所有的象、馬、車、乘，（古時國王出來，坐大車時，就用象來拖，所以國王不但是養馬，還要養象。車，是小的車。乘，是大的車。）很值錢很奇異的珍寶，寶庫裏秘密收藏的金銀，這一切的一切，到了臨死的時候，就沒有一個人、一件東西，還跟著他一同去的。

只有這個大願王，永遠不拋棄、永遠不離開。不論在什麼時候，什麼地方，始終在讀誦十大願的人的前面，引導他。

在一剎那極短的時間裏，就能夠往生到極樂世界去了。

看這本白話解釋的各位男女居士們，看了上面所說的種種，我想大家一定都很羨慕。那麼奉勸各位，趕緊讀誦修學，勿再拖延耽誤了。

到已，即見阿彌陀佛，文殊師利菩薩、普賢菩薩、觀自在菩薩、彌勒菩薩等。此諸菩薩，色相端嚴，功德具足，所共圍繞。其人自見，生蓮花中，蒙佛授記。

解

到已，是已經到了極樂世界後。

端嚴，是端正莊嚴的意思。

授字，是給他的意思。

記，是記名，就是為他題一個名號。凡是菩薩還沒有成佛時，先受佛的記名，吩咐他將來成了佛，叫什麼名號，把名號記好，等到將來成了佛，就稱這個已經記好的名號。

釋 這個往生極樂世界的人，到了極樂世界後，就能夠見到阿彌陀佛，和文殊師利菩薩、普賢菩薩、觀自在菩薩、（就是觀世音菩薩。在心經裏，稱觀自在菩薩。請一本《心經白話解釋》看看，就明白了。）彌勒菩薩等，（彌勒菩薩，將來接續釋迦牟尼佛，做我們娑婆世界的教主。）各位大菩薩。（往生到極樂世界去的人，品位有九等的分別，品位最高的，可以立刻見到佛，品位最低的，要經過十二大劫，蓮花才能夠開放，這個往生的人，才能夠見到佛。不是各個往生的人，都能夠一到極樂世界，就見到佛。這裏說的**即見**，是到了極樂世界，立刻就見到佛的。修學十大願王的人，品位一定是很高的，所以一到極樂世界，就能夠見到阿彌陀佛。）加一個等字，因為不只是上面所說的各位大菩薩，還有許多菩薩，都包括在一個等字裏面了。

各位大菩薩的顏色、相貌，都很端正莊嚴，功德也都完全圓滿，大家都圍繞住了阿彌陀佛。

這個往生的人，自己看見自己，從蓮花裏生出來，承蒙阿彌陀佛的大恩大德，親自為他授記，將來成什麼佛，或是成什麼菩薩。

得授記已，經於無數，百千萬億，那由他劫，普於十方，不可說不可說世界，以智慧力，隨眾生心，而為利益。

解

億字，有十萬、百萬、千萬、萬萬、四種的說法。照《阿彌陀經白話解釋》裏、從是西方過十萬億佛土的億字，是照一千萬算的，所以這裏的億字，也算是一千萬。

釋

這個往生的人，得到了佛的授記後，經過了無數百千萬億那由他的時劫，普遍的到十方不可說不可說那麼多的世界去，用他智慧的力量，依順了眾生的心念，眾生喜歡得到怎樣的利益，就給眾生怎樣的利益。

不久當坐，菩提道場，降伏魔軍，成等正覺，轉妙法輪，能令佛剎，極微塵數世界眾生，發菩提心。隨其根性，教化成熟，乃至盡於，未來劫海，廣能利益，一切眾生。

解

菩提道場，是佛成道的地方。

根性的**根**字，就是善根、惡根的根。**性**字，是人的性質、性情。

劫字下加一個**海**字，是時劫多到不可以用數目的單位來計算了，只好拿海來比喻了。

釋

這一位得到授記的人，像上面所說的經過了長久又長久的時劫，周遍到廣大又廣大的世界，一心做利益眾生的事情。他所積的功德，當然大到不可以計算了。

沒多久，就可以坐到菩提道場裏去，降伏一切的魔軍，就成佛了。

成了佛以後，就要轉妙法輪，演講佛法。使佛剎極微塵數那麼多世界上的眾生，大家都發了菩提心。

各隨他們善根的深淺、厚薄，性質的溫暴、智愚，（性，是性情。質，是質地。能夠發菩提心的人，一定是溫和有智慧的，絕不會有惡性的。不過深厚溫智，各有高下的不同。）教化他們，使他們都修學成功。

像這樣的教化眾生，一直要教化到未來的時劫完盡。大家都曉得未來的時劫，哪裏會完盡呢？這是表示沒有休止的意思。像這樣長久到沒有窮盡的時劫，普遍的使一切的眾生，不漏一個，都得到利益。

善男子！彼諸眾生，若聞若信，此大願王，受持讀誦，廣為人說。所有功德，除佛世尊，餘無知者。

解

受持的**受**字，是領受的意思。**持**字，本來是捏住的意思。這裏是當做記住不放的解釋。

釋

普賢菩薩又向法會裏的聽眾，叫一聲善男子道：上面所說佛剎極微塵數的眾生，若是聽到了，或是相信了這十種大願王，就領受、記住了。有的人是看書讀、有的人不看書而默念，到各處去向人傳說。

這樣的大功德，沒有什麼可以比喻，只有佛能夠知道。除了佛，沒有人能夠知道的。

是故汝等，聞此願王，莫生疑念，應當諦受。受已能讀，讀已能誦，誦已能持，乃至書寫，廣為人說。

解

諦字，是真實不虛假的意思。

釋

普賢菩薩又向法會裏的聽眾說道：我上面所說這十大願的功德，你們聽到了，千萬不可以有一點疑惑的心念，千萬不可以疑惑不會有這麼大的功德。因為有一點疑惑，就不會切實的信了。不信了，就不肯讀誦受持了。你們應該要真實的領受我所講的十大願。

領受了就能夠**讀**，能夠讀了就能夠**誦**，（誦字，當做背誦解釋。）能夠誦了就能夠記住不忘。還能夠寫出來，到各處地方去，說給大眾聽。

是諸人等，於一念中，所有行願，皆得成就。所獲福聚，無量無邊。能於煩惱大苦海中，拔濟眾生，令其出離，皆得往生，阿彌陀佛，極樂世界。

解

福聚，是積聚起來的福。

獲字，本來是捉的意思。這裏是得到的意思。

釋

所說的這些人，是包括前面聽聞、讀誦、受持、書寫、廣為人說的人，和相信這個大願王的人，到各處地方去普遍演講的許多人。

這些人只在一轉念的時間，就能夠把前面十大願所講的種種行願，完全圓滿成就。

所積聚的福德，有無量無邊的多。

能夠從煩惱大苦海，（眾生所以受到種種的苦，都是從煩惱上生出來的，所以叫煩惱大苦海。用大海來比喻煩惱，這煩惱之多，還能言說嗎？）把受苦的眾生，一個一個拉出苦海，救濟他們。使他們遠遠的離開這個大苦海，都能夠往生到阿彌陀佛的極樂世界去。

爾時，普賢菩薩摩訶薩，欲重宣此義，普觀十方，而說偈言：

解釋

重字，是重複的意思。

宣字，是傳佈開來的意思。

爾時兩個字，是指普賢大菩薩，把十大願的種種修法，詳詳細細講圓滿的時候。菩薩的心，實在太悲切了，還怕聽眾裏，有的聽了前面的長文，（長文，是句子有長、有短，像前面已經講過的許多經文。）還有不明白的，所以把前面長文裏所講的意義，用偈頌的方法來述說。（頌字，是稱讚稱頌的意思。**頌**有八種。

第一種、叫**孤起**。是開頭就說偈頌，沒有長文的。

第二種、叫**重頌**。是聽眾到法會遲了，沒聽到已經說的法。所以用偈頌來補說，使後到的聽眾，也仍舊可以聽到。

第三種、叫**複頌**。是先講的話、或者講得深了點，有些聽眾，不能夠明白。所以再說一遍稍稍淺一點的，使聽的人，都能夠懂得。

第四種、叫**廣頌**。是長文裏所講的，有的簡略了些，不很詳細。所以再說偈頌，把長文裏，已經說的意義，說得更詳細透徹些。

第五種、叫**略頌**。是長文裏已經講得很明白的，所以偈裏面，不過大略說說了。

第六種、叫**結頌**。是把長文來做一個結束，使讀誦的人，容易記住。

第七種、叫**超頌**。是偈頌放在長文前面先說，所以叫超頌。

第八種、叫**追頌**。是長文在前，偈頌在後，這是最普通用慣的。）普賢菩薩在沒有說偈之前，先用法眼普遍的觀察，在法會裏，十方世界的各類眾生。（眼有五種。凡夫的眼，叫**肉眼**。天人的眼，叫**天眼**。緣覺、聲聞的眼，叫**慧眼**。菩薩的眼，叫**法眼**。佛的眼，叫**佛眼**。佛是五眼都有的。菩薩有法眼以下的四眼。緣覺、聲聞有慧眼以下的三眼。天人有天眼、肉眼。凡夫只有肉眼。）眾生喜歡聽菩薩說偈頌？還是不喜歡聽？還要曉得聽眾的心理，喜歡聽什麼法的偈頌？所以在沒有說之前，先向各方觀察一下，才可以依順眾生的心願，說眾生所喜歡聽的法。

長文說到這裏，已經圓滿了，下面就是說偈頌了。

所有十方世界中，三世一切人師子，
我以清淨身語意，一切偏禮盡無餘。
普賢行願威神力，普現一切如來前，
一身復現剎塵身，一一偏禮剎塵佛。

解

人師子，是說人道裏的獅子王。（獅子，是百獸的王。佛是九法界的王。所以佛經裏，常常拿獅子來比喻佛。）

剎塵身、**剎塵佛**，是把一個佛剎，化成像微細的灰塵那樣的細小、那樣的多，這還得了嗎？現在自己的化身和佛，都有這樣的多。

釋

從這裏的「所有十方世界中」一句起，一直到「回向眾生及佛道」，總共四十八句，分做八段，都是偈。

這個開頭的八句偈，是頌讚十大願裏的第一個大願，**禮敬諸佛**的。

照十方世界說起來，世界外面還有世界，本來已經是無窮無盡的了。況且每一個世界，都有無數的微塵，每一個微塵裏面，又各有無窮無盡廣大無邊的世界。像這樣一重一重的世界，怎麼算得出數目來呢？

第一、第二兩句，用**所有**兩個字，把十方一重一重世界裏所有的佛，完全包括了。講到**三世**，過去之前，還有過去，永遠推算不到開頭。未來之後，還有未來，也永遠推算不到結底。像這樣的三世裏，所包括的時劫，其實是無窮無盡的。這樣無窮無盡的三世時劫，完全都在我們眼前的一念裏。一念裏，可以收盡三世的時劫。念念裏，又各個都可以收盡三世所有的一切時劫。那麼這三世的時劫，也是重重無盡的。這樣重重無盡的世界上，重重無盡的時劫裏，所有出現的佛，還可以用數目計算嗎？用一切兩個字，是完全包括的意思。

第三、第四兩句說：我用清淨的身業、口業、意業三種，向那無量無邊的一切諸佛，完全禮拜到沒有遺漏一尊佛。有人問禮拜諸佛，只是一種**身業**，怎麼會講到口業、意業呢？要曉得修普賢行願的人，不論在什麼地方？不論做什麼事情？都是**三業清淨**的。就像在禮佛的時候，不但是身體端正，心意也一定是至誠恭敬，沒有別種妄念，那就是**意業清淨**了。口裏除了稱念佛的名號，或是讚嘆佛的功德，一定不會有旁的閒話，那就是**口業清淨**了。所以叫三業清淨。

後面四句的意思，是說這都是依靠修普賢行願的大**威神力**，才能夠把自己的一個身體，化現出無量無邊的化身來，在所有十方三世一切佛的面前，都有自己現出來的化身。並且現出來的化身，又一個一個的各個化出，有如把不可說不可說的世界，化成極細的細粉，那麼多的化身來。每一個化身，又各個向那不可說不可說的世界極微塵數的一切諸佛，都周遍禮拜到。

像這種大行大願的威神力，真是不可思議。修這樣禮佛法門的人，在禮拜的時候，心裏應該想我們這個法會，是自己的心性造成的。

心性的量，廣大到無量無邊。所有十方三世的一切法，完全都收在現前一念的心性裏。

心性有大智慧的光明，能夠周遍照到一切的法界。所以面前這個法會，可以比做天宮裏，寶珠網上的摩尼珠一樣，光光相照，（光光相照，是這顆珠的光，照那顆珠的光，那顆珠的光，照這顆珠的光。）重重無盡。

所有十方三世的一切諸佛，沒有一尊佛不在這法會裏現出相來。我的身體，也因為光照，現出無窮無盡的身相來。只要我的本身在這裏禮拜，那些現出來的身相，也各個都在向那無窮無盡的諸佛禮拜。

能夠像這樣的修學禮拜，才可以算是普賢行願的禮敬諸佛了。（偈和長文的意義，是差不多的。解釋起來，也是差不多。所以前面長文已經解釋過的，在這偈裏面，就簡單講講，不再詳細講了。

像名詞等，如果前面已經解釋過的，也就不講了。如果前面長文裏，有漏講的地方，或是沒有詳細講明白的，那麼就在這偈的「釋」裏補講。在這裏有些地方解釋得很詳細，有些地方解釋得很簡單，就是這個緣故。）

於一塵中塵數佛，各處菩薩眾會中，
無盡法界塵亦然，深信諸佛皆充滿。
各以一切音聲海，普出無盡妙言辭，
盡於未來一切劫，讚佛甚深功德海。

解

處字，是居住的意思。

音聲和**功德**的下面，都加一個**海**字，是形容又多、又大的意思。

釋

這八句偈，是讚頌第二大願，**稱讚如來**的。

第一句，是說在一粒極細小的微塵裏，有如把一切世界完全化成微塵那樣多的佛。要曉得一粒微塵裏，有這樣多的佛，並不是把微塵的相放大，也不是把諸佛的相縮小。微塵還是細小的，諸佛還是極高大的。這種道理，是很深妙的。

因為一切法的相，都是從自己的真心裏，變現出來的。無論哪種相，都是自己**全分的心量**。（分字，也就是份字的意思。）這種全分的心量，經論裏稱做法界。所以說法法都是法界，也就是說法法都是全分的心量。這法界是包含所有一切的法。十方世界的體量，和一粒微塵的體量，一樣是全分的心量。一樣是法界，其實都是一樣的。所以這個相看起來大，那個相看起來小，都是眾生分別執著的顛倒見解，（執字，本來是捏住的意思。執著，是固執不圓融的意思。顛倒見解，是不正的見解，是顛顛倒倒的妄想。）完全是虛妄的，和真實的道理不相應。（相應，是譬如東邊敲一下鐘，西邊有鐘的回應聲，叫相應。如果東邊敲了鐘，西邊沒有鐘的回應聲，就叫不相應。）

譬如一面鏡子，掛在沒有障礙遮隔的地方，凡是這面鏡子照得到的景象或東西，不論比鏡子大多少倍，完全都可以收在鏡子裏的。若講起相來，鏡子是很小的，怎麼能夠把比鏡子大的東西，收到小的鏡子裏去呢？照這種比喻看起來，就是小的相，收容大的相，真有這種事情的。

第二句，是說像微塵數那樣多的佛，各個住在一切菩薩的法會裏。

所有無窮無盡的法界，都化成微塵數的世界。像微塵數那樣多的佛，住滿在各處法會裏。這是可以深信切信的。

這樣許多許多的佛，各個發出像海水那樣多的音聲來。在這種聲音裏，又各個說出無量無邊絕妙的話來，稱讚諸佛。

並且不是一日一月，十年百年，也不是一劫兩劫，百千萬億劫，可以讚嘆盡的。一直要接連不斷的，讚嘆到所有未來的一切時劫，完全過去。試問未來的時劫，是永遠沒有窮盡的，那麼讚佛也就永遠沒有窮盡了。佛的功德，極深極大，沒有數目的單位可以計算，所以也用一個**海**字來比喻。

以諸最勝妙華鬘，伎樂塗香及傘蓋，
如是最勝莊嚴具，我以供養諸如來。
最勝衣服最勝香，末香燒香與燈燭，
一一皆如妙高聚，我悉供養諸如來。
我以廣大勝解心，深信一切三世佛，
悉以普賢行願力，普遍供養諸如來。

解

最勝，是最好的意思。

伎樂，是吹的、彈的、敲的、各種樂器。

勝解的**勝**字，是因為懂得不容易懂的道理，所以說勝。**解**字，是懂得、明白的意思。

釋 這一段是頌第三大願，**廣修供養**的。

前八句，是財供養。後四句，是法供養。

第一句，是說用許多最好的花，結成一種裝飾用的鬘。還有各種音樂、塗香、傘蓋。像這樣種種最好的莊嚴物品，我都拿來供養諸佛。

最好的種種衣服，最好的種種香，像末香、燒香等一切香和燈燭。各種供養的物品，堆積起來，樣樣都是多到像須彌山那樣的高、那樣的大。我完全拿來供養諸佛。

我用我明白種種道理的心，深切相信所有一切的世界，都可以化成無量無邊的微塵。一粒一粒的微塵裏，都可以各個收盡無量無邊的世界。這樣重重無盡的世界相，完全在自己現前一念的心裏，所以說是**廣大**。這種極深極深的道理，能夠解悟，所以說是**勝解**。

一切三世佛，就是這重重無盡的微塵世界裏，所有過去、未來、現在的一切諸佛。我都用普賢行願的威神力，用心觀想，覺得一切諸佛都在我的眼前。

我以普賢的供養，修學這樣的普賢行願，才可以叫做真供養如來了。

我昔所造諸惡業，皆由無始貪瞋癡，從身語意之所生，一切我今皆懺悔。

解 由字，和從字一樣的意思。

釋 這四句偈，是頌第四大願，**懺悔業障**的。

一個人自從有這個身體到現在，一世又一世，有修善業的時代，也有造惡業的時代，在六道輪迴裏轉來轉去，真的有不可說不可說的次數了。並且凡夫不明白因果報應的道理，總是惡業多，善業少。一世又一世所積的惡業，結算起來，還能夠算得清楚嗎？要曉得一個人所造的種種惡業，究竟怎麼樣造出來的呢？

不論怎樣的人，都是從貪得的心、發火的心、愚癡不明白道理的心上，發生出來的。這三種都是造惡業的根，有了這三種根，就從身、口、意上造出惡業來了。這三種造業的根，又要算這個**意**是根裏的根了。因為生惡業的根，就是意。有了惡的意，才會從身體上，口裏頭，造出種種的惡業來。

這**貪**、**瞋**、**癡**三種**惡根**，是一個人有了身體就有的，所以說是**無始**。（始字，是起初開頭的時候。無始，是不知道從什麼時候開始的，所以只能夠說無始。）既然從無始起，就有貪、瞋、癡三種惡根，那麼從根上發出來的惡業，也當然是從無始就有的了。這種惡業，若是有體質，或是有形相的，那可以說比須彌山還要高大哩！到了受苦報應的時候，還受得了嗎？簡直可以說是**無終**的了。（因為永遠受不完，所以叫無終。）

所以我從無始到現在，所造的一切惡業，從現在起，依靠了普賢菩薩的威神力，誠心誠意，完全痛切的懺悔淨盡，不讓一點點的惡業，還存留在我的身上。

十方一切諸眾生，二乘有學及無學，一切如來與菩薩，所有功德皆隨喜。

解

二乘，是緣覺和聲聞。

釋

這一段是頌第五大願，**隨喜功德**的。

第一句，是說六道的眾生。

第二句，是說小乘的聖人、賢人。凡是緣覺沒有證到辟支佛、聲聞沒有證到四果阿羅漢的，都還沒有**斷盡思惑**，（見思惑，是見惑和思惑兩種。這兩種迷惑，都是很有力量的。**見惑**，就是身見、邊見、戒取、見取、邪見，**五種利使**。**思惑**，就是貪心、瞋心、癡心、慢心、疑心，**五種鈍使**。聲聞證到了初果須陀洹，見惑就斷盡了。思惑裏的五種鈍使，來得細、迷惑得深，所以要證到了初果，才能夠慢慢的斷。等到斷盡了，就證到了四果阿羅漢。這見思惑，如果要詳細講，是很複雜的，並且和這一段經文，沒有太大關係，所以只是大略說明。如果想深入了解，在《佛法大意》裏，有詳細解釋。）還是要用修學功夫的，所以叫**有學**。並且還只能夠稱賢人，不能夠稱聖人哩！

緣覺已經證到了辟支佛、聲聞已經證到四果阿羅漢，那是見思惑完全斷盡，都已經到聖人的地位，就可以稱聖人，並且不要再用修學的功夫了，所以叫**無學**。

第三句，是說十方一切的佛和菩薩。第一句的**十方**兩個字，是包括第一、第二、第三，三句的。這裏的二乘和諸佛菩薩，都包括在裏面。雖然只說十方，一定三世也包括在裏面，絕不是只有十方而沒有三世。普賢菩薩的十大願，願願都是**盡界量**的。（界量，就是法界的量，法界是無量無邊、沒有限制，哪裏有量呢？所說的盡界量，其實就是沒有量可以盡的意思。所以普賢菩薩的大願，是十方重重無盡的世界，三世重重無盡的時劫，都完全包括盡的。）所以不能單單說、在一世上的一切諸眾生。應該說過去、現在、未來三世，所有在六道輪迴的一切諸眾生。

所有十方三世一切的眾生、有學無學的二乘、一切諸佛菩薩，各有各的功德。雖然，菩薩所修的功德，不及佛所修的功德大。二乘所修的功德，不及菩薩所修的功德大。眾生所修的功德，不及二乘所修的功德大。哪怕眾生所修的，是極小極小的**人天福報功德**，我也沒有不向他們深心切意而隨喜的。

十方所有世間燈，最初成就菩提者，我今一切皆勸請，轉於無上妙法輪。

解 **世間燈**，是比喻**佛**的。因為燈照了黑暗的地方，黑暗就會變成明亮。這是比喻佛用佛法來教化眾生，可以照破眾生心裏的種種黑暗，（心裏的種種黑暗，就是種種迷惑煩惱、不明白正當的道理、一切違背佛法的事情，都包括在裏面。）變成明白覺悟，所以稱世間燈。

釋 這一段是讚頌第六大願，**請轉法輪**的。

第一句，**十方所有**四個字，是把十方世界的佛，都包括在裏面。

第二句，是說現在剛剛修成的佛。

第三、第四兩句，是說我向十方世界先前已經修成的佛，和最近修成的佛，都懇切的勸、至誠的請求一切諸佛，到各處去說無上高妙的佛法。

有人問：為什麼不同時勸請三世諸佛，一起**轉法輪**，（轉法輪，就是說無上高妙的佛法。）單單只勸現在剛剛修成的佛呢？

要曉得十方重重無盡的微塵世界裏，一念一念都有不可說不可說的世界微塵數的佛，出現在世界上。若不是像普賢菩薩那樣用廣大勝解心去請，怎麼能夠一切佛都勸請到，沒有遺漏呢？

早先成道的佛，普賢菩薩大概都已經勸請過了，所以現在又勸請剛才成道的佛。因為剛成道的佛，都勸請了，那麼從前成道的佛，更加一定都勸請了，也不必說了。

諸佛若欲示涅槃，我悉至誠而勸請，
惟願久住剎塵劫，利樂一切諸眾生。

解 **涅槃**兩個字有眾多解釋，有的說就是不生不滅、有的說就是**滅度**、（**滅**，是說滅見思、無明、塵沙三種惑。**度**，是說度分段、變易兩種生死。三種惑、兩種生死，在《佛法大意》裏，都有詳細解釋。因為和這一句偈，沒有什麼太大關係，所以不另做解釋。）有的說就是**圓寂**。（這是依照六祖壇經裏，六祖所說的**圓明常寂照**的意思。這一句，圓明常寂照，是說心性本來是圓滿光明，真常不變的。雖然是寂然不動，卻能夠遍照一切法界。雖然是能夠遍照一切法界，卻仍舊還是寂靜不動。這是無上的涅槃相。凡夫不懂這種道理，就說是死了。真字，是真實的意思。常字，是常住的意思，就是常常是這個樣子。）

釋 這一段是頌第七大願，**請佛住世**的。

這裏的諸佛兩個字，是把十方三世一切的佛，都包括在裏面的。佛成道後，就證到了兩種大果，一種叫**無上大菩提**，一種叫**無上大涅槃**。（證到，就是修滿了這種功夫、修到了這種地位的意思。菩提、涅槃上面，都加無上大三個字，是稱讚菩提和涅槃的功德，又大、又高的意思。）證到了這種大果，才能夠隨自己的意思，要現生相，就現生相，要現滅相，就現滅相。其實那是生也沒有，滅也沒有，總是圓明寂照的妙用。

第一句，是說十方三世一切諸佛，到了化度眾生的機緣盡了的時候，就要示現這種涅槃的相了。雖然曉得一切的佛，都是常常住在眾生的世界上，沒有一尊佛入涅槃的。但是一現了這種涅槃的相，就有一部份的眾生，看不見佛，聽不到佛說法了。像我們的本師釋迦牟尼佛，明明現在還是在七寶莊嚴的靈鷲山，和諸大菩薩，說種種深妙的佛法。（這是根據佛說的妙法蓮華經上的話。各位居士、萬萬不可疑惑，我哪裏敢隨便亂說，招受大罪業呢？）但是到印度去朝禮靈山的男女居士們，只看見一座荒山，哪裏還能夠看見佛的形相，聽到佛說法的聲音呢？

所以佛示現涅槃，總是眾生福薄業重的苦。普賢菩薩大慈大悲，哀憐十方世界的苦惱眾生，所以至誠懇切的到十方世界去，周遍勸請一切諸佛，不要示現涅槃的相。

第三句，是表示明白請願的意思。求佛長久住在世界上，要如同十方一切世界微塵數那樣長久的時劫。為什麼要請佛住在世界上，這樣的長久呢？這是因為要求佛永遠不停歇的說法，使所有的一切眾生，都聽到了佛法，下了成佛的種子，一天一天的修學上去。那種子就可以像一株樹那樣，一天一天大起來，就能結成大果，了脫生死，成就佛道的大利益。

所有禮讚供養佛，請佛住世轉法輪，隨喜懺悔諸善根，回向眾生及佛道。

解

善根，就是指十大願。因為十大願，都是成佛的根，所以就叫做善根。

釋

這一段是把第一大願至第七大願，合併起來，總頌一遍。

又把善根兩個字來收束七種大願，一起歸到回向上去。還有一種說法，是把這一段偈，分做明頌、暗頌兩種。明頌，是頌第十大願普皆回向。暗頌，是把第八大願常隨佛學，第九大願恆順眾生，都包括在第十大願普皆回向裏了。

開頭的所有兩個字，和第三句末後諸善根三個字，是把上面的七個大願，都包括在裏面的。

第一句的**禮**，就是第一大願，**禮敬諸佛**。

讚，是第二大願，**稱讚如來**。

供養佛，就是第三大願，**廣修供養**。

第二句就是第七大願，**請佛住世**，和第六大願，**請轉法輪**。

第三句**隨喜**，就是第五大願，**隨喜功德**。

懺悔，就是第四大願，**懺悔業障**。

十種大願，雖然只說了七種，但是每一種大願裏，都還包括著其他種種善根，所以說諸善根。

現在把這種種的善根，一起拿來回向一切眾生，使一切眾生都種下善根。並且把種種的善根，一起拿來回向無上佛道，願意一切眾生，早日成佛。（從偈的第一句，所有十方世界中起，一直到這一段回向眾生及佛道，總共四十八句。在《朝暮課白話解釋》裏，也有詳細解釋，可以請一本來看看。）

我隨一切如來學，修習普賢圓滿行，
供養過去諸如來，及與現在十方佛。
未來一切天人師，一切意樂皆圓滿，
我願普隨三世學，速得成就大菩提。

解

學字和**習**字是一樣的意思。

天人師，就是佛。因為佛是天道和人道的大導師，（導字，是指導的意思。）所以稱天人師。

意樂兩個字併起來，（意樂的意字，是意思和心念。）是意思和心念都很快樂，不只身體上快樂的意思。

釋

這一段是頌第八大願，**常隨佛學**的。

跟隨佛學，並不是跟隨一尊、二尊佛，是所有十方一切的佛，我都跟隨學習。我願意跟隨學習普賢菩薩種種圓滿的行願。

我要供養已經過去世的十方許多佛，和現在世的十方許多佛，未來世的十方許多佛，凡是出現到世界上來的佛，我都要誠心供養。

佛本來是為了要教化天道、人道等、各道的眾生才修成佛的，所以稱天人師。

眾生都能夠發願，常常跟隨佛，修學普賢菩薩的行願。還要發願供養十方三世的一切佛。他們的意念裏都非常的快樂，快樂到無法用言語來形容，所以叫**圓滿**。

我願意普遍跟隨過去、現在、未來三世的一切佛，學習修行佛道，很快就能夠成佛。（成就大菩提，就是成佛。）

所有十方一切剎，廣大清淨妙莊嚴，
眾會圍繞諸如來，悉在菩提樹王下。
十方所有諸眾生，願離憂患常安樂，
獲得甚深正法利，滅除煩惱盡無餘。

解

獲得兩字，是得到的意思。
正法利，是正法的利益，（正法、就是佛法。）不是邪法的利益。
無餘，是說煩惱完全淨盡，沒有一點餘存。

釋

這一段是頌第九大願，**恆順眾生**的。

所有十方的一切佛剎，又廣大、又清淨、又莊嚴。莊嚴上面加一個妙字，就是莊嚴裏，還帶有奇異巧妙的意思。

在許多很大的菩提樹王下面，有諸佛在那裏用功修佛道的。諸佛的四周圍，還有許多法會圍繞著。

十方所有的一切眾生，都願意修普賢菩薩離開種種憂愁患難，常得安逸快樂的行願。

還要得到又深又正的一切佛法的利益。種種煩惱，滅除淨盡，安住在一點煩惱都沒有餘存的境界裏。

我為菩提修行時，一切趣中成宿命，
常得出家修淨戒，無垢無破無穿漏。
天龍夜叉鳩槃荼，乃至人與非人等，
所有一切眾生語，悉以諸音而說法。

解

宿命的宿字，本來是老、舊和已經過去的意思。宿命，是六通裏面的一種通，（六通，在《阿彌陀經白話解釋》裏，「其土眾生常以清旦」一節底下，有詳細解釋。）不論是自己的，或是旁人的事情，不論是這一世的，前一世，前十世，前十百千萬世前的事情，都會曉得，就叫**宿命通**。

釋

有一部佛經，叫**十地經**，裏面也說到十大願。一、**供養**。二、**受持**。三、**轉法輪**。四、**修行二利**。五、**成熟眾生**。六、**承事**。七、**淨土**。八、**不離**。九、**利益**。十、**成正覺**。從這一段偈起，一直到下面第十段偈，都像頌讚十地經裏的十大願。

這個第一段偈，和十大願裏第二大願，**受持**相合的。普賢菩薩說道：我為了願意修行佛道，一世又一世在六道裏轉的時候，都能夠記得隔世的事情，所以一經轉到了人道，常常出家修持清淨的戒法。

無垢，就是無垢戒。（守戒守得清淨得很，一點沒有染污。）

無破，就是不破梵行戒。（梵行，是修行修得非常清淨，一點也不犯戒法，就叫不破。）

無穿漏，就是不缺漏戒。（不缺漏，是守戒守得很周密，沒有一點違犯戒法。像一件東西，一點也不缺少，一點也不破漏。）修戒能夠修到無垢、無破、無穿漏，那才可以稱做淨戒了。

天、人、夜叉、鳩槃荼、一直到人和非人等，所有一切眾生的言語，都是各種不同音聲的。你聽不懂我的話，我聽不懂你的話。我在修行的時候，要用佛法來救度眾生，當然所講佛法的話，一定要使大家都聽得懂。那就不能不依照眾生各別的音聲，講給大家聽，使大家都可以聽得明白。

勤修清淨波羅蜜，恆不忘失菩提心，
滅除障垢無有餘，一切妙行皆成就。
於諸惑業及魔境，世間道中得解脫，
猶如蓮花不著水，亦如日月不住空。

解

波羅蜜，是梵語，翻譯成中文，**波羅**，是彼岸，就是那邊的世界。**蜜**，是到，就是從這邊苦惱的世界，到那邊快樂的世界去。也可以翻譯做度眾生的度字。所以**六波羅蜜**，也可以說**六度**的。

釋

這一段和十大願裏的第四大願，**修行二利**相合。（惑業和魔境，是二害，現在修到了二害都得到解脫，二害就變成二利了。）

第一句說到勤修，是常常不停歇的修。修到功夫深了，各種波羅蜜，（波羅蜜，還有十種說法。

一、施波羅蜜。二、戒波羅蜜。三、忍波羅蜜。四、精進波羅蜜。五、靜慮波羅蜜。六、般若波羅蜜。七、方便善巧波羅蜜。八、願波羅蜜。九、九波羅蜜。十、智波羅蜜。

從第一施波羅蜜，至第六般若波羅蜜，就是六波羅蜜。從第七方便善巧波羅蜜，至第十智波羅蜜，因為解釋起來太複雜了，並且和這一段偈，沒有太大關係，所以不再另行解釋了。

六度，在《阿彌陀經白話解釋》裏，有詳細註解。）自然很精進，不會有其它雜念，所以叫**清淨波羅蜜**。

修波羅蜜，是修脫離有生死的世界，到涅槃的世界去。所以一面修，一面還要常常記得發出修成佛道的願心，不可以有一剎那的時間忘掉。

凡是會阻礙我修行心的妄想，或是會染污我清淨心的事情，都完全要滅除淨盡，一點都不能留存。那麼一切神妙的修行功夫、修行功德，都可以成功了。

如果修行的時候，忘掉了發出這個修成佛道的願心，那麼不論你修什麼功夫，都要變成種種迷惑和魔鬼的境界了。那麼要滅除障礙垢污，用什麼方法可以滅除清淨呢？這就要對什麼病，開什麼藥了。

修波羅蜜的人，所以忘失菩提心，發生障礙垢污，都因為有種種不正的見解，遮蔽了他的清淨心的緣故。（蔽字，也是遮蓋的意思。）不正的見解，大略說起來，叫六蔽。因為不正的見解，把修行人本來的清淨心，遮蔽覆蓋住了，所以叫**六蔽**。這六種蔽是：

第一是**慳貪**。慳，是氣量小。貪，是貪得、貪多的意思。有了慳貪的心，就會遮蔽第一波羅蜜**布施**，使這個布施的事情，不肯做了。

第二是**破戒**。有了破戒的心，就會遮蔽第二波羅蜜**持戒**，使這個戒，守不住了。

第三是**瞋恚**。瞋恚兩個字，都是發火的意思，有了發火的心，就會遮蔽第三波羅蜜**忍辱**，（忍字，是忍耐的意思。辱字，是蹧蹋的意思。忍辱，是凡有人向我說蹧蹋我的話，或是向我做蹧蹋我的事情，我都能夠忍耐，不與他計較。）使這個發火的心，不生出來。

第四是**憐念**。憐念是私情用得太多了。用了私情，不論碰到什麼事情，都要生退縮的心，就會遮蔽第四波羅蜜**精進**，而生不出勇猛向前的心。

第五是**散亂**。有了散亂的心，就會遮蔽第五波羅蜜**禪定**，不能修習定功。

第六是**愚癡**。有了愚癡的妄念，就會遮蔽第六波羅蜜**智慧**，使我們不明白正法，不了解真理了。

所以修十大願的人，最要緊是心意清淨。那怕一刹那的瞬間，也不可以忘失修佛道的正念。能夠像這偈的前四句所說的那樣修，哪怕造了迷惑的業，或是發現了魔鬼境界，仍舊可以得到解脫，不受束縛。

末二句，是比喻蓮花，雖然生在水裏，但是不碰到水。日和月，雖然看起來，像停住在空中裏，其實日月並不停住在空中裏的。這種比喻，都是說惑業、魔境，雖然在人世間出現，但是人修了普賢行願，可以不沾染他們的迷惑，可以在人世間得到解脫，不受束縛。

悉除一切惡道苦，等與一切群生樂，
如是經於剎塵劫，十方利益恆無盡。
我常隨順諸眾生，盡於未來一切劫，
恆修普賢廣大行，圓滿無上大菩提。

解

等字，是一樣的意思。

群生，就是眾生。

釋

這一段和十地經裏的第五大願，**成熟衆生**相合。

成熟衆生，就是教化一切眾生，使一切眾生，都能夠修成佛道。（成熟，就是成功。譬如樹上生的果子熟了，就算種成功了。）

一切眾生，所受的一切惡道的苦惱，完全要滅除。不但是要滅除一切的苦惱，還要把一切的快樂，都施給眾生。

並且除苦給樂，不是短時間的，也不是一個地方的事情。照時間的長久講，一直要經過剎塵劫的時劫。照地方的廣大講，一直要周遍到十方世界。這樣所有給眾生的種種利益，是永遠沒有窮盡的。

我常常依順了一切眾生的願心，一直要到未來的一切時劫窮盡的時候。（說到未來的時劫，哪裏會有窮盡呢？這兩句的意思，就是說時劫，永遠沒有窮盡。）

常常不斷的修學普賢菩薩那樣廣大的願，就能修到圓滿無上的佛道了。

所有與我同行者，於一切處同集會，身口意業皆同等，一切行願同修學。所有益我善知識，為我顯示普賢行，常願與我同集會，於我常生歡喜心。

解

同行者的行字，是動作的意思，也可以說是修行的意思。同行是一同修行，加一個者字，就是一同修行的人。**集**字，是聚集起來的意思。**集會**，就是大家聚集在一個會裏。

釋

這一段和十地經裏的第八大願，**不離**相合。不離，就是不離開佛和菩薩。

所有和我一樣修十大願的人，不論在什麼世界？什麼地方？我常常和他們聚集在一處法會裏，大家一同修學這十大願。

大家在法會裏修學的時候，各人的身業、口業、意業、都是一樣很至誠恭敬，沒有一點差別。所有普賢菩薩的十種行願，不論是修福報、或是修智慧、或是修成佛的，種種的修法，都完整修學，絕不會漏去一願不修。

所有教化我，使我得到利益的善知識，把普賢菩薩種種的修行方法，明明白白的教我。

並且願意常常和我聚集在一處地方的法會裏，我就常常生出喜歡快樂的心來了。

願常面見諸如來，及諸佛子眾圍繞，
於彼皆興廣大供，盡未來劫無疲厭。
願持諸佛微妙法，光顯一切菩提行，
究竟清淨普賢道，盡未來劫常修習。

解

佛子有三種說法。

一、眾生受過佛所說的戒，將來總有一天成佛的。

二、凡是菩薩，都可以稱佛子。因為菩薩能夠繼續佛的種子，使佛法不會斷絕。

三、一切眾生、都有佛性。因為有這三種緣故，所以都可以稱佛子。

菩提兩個字，是覺悟的意思。加一個行字，是修成佛的意思。

普賢道，就是普賢菩薩的十大願。

釋 這一段和十地經裏的第一願，**供養**相合。

修大願的人，願意常常見到諸佛和許多佛子，圍繞著諸佛。發供養大願心的人，用很多、很廣大的供養品，來供養諸佛和諸佛子。說到**廣大**的**供**養，有六種。

第一、是**心大**。能夠供養諸佛的人，他所發供養諸佛的願心，是很大的。常常不間斷的供養，永遠沒有疲倦厭煩的心。

第二、是**供養的物品大**。財供養、法供養、一切都很完備。

第三、是**福田大**。（福田是所修的一切福報，就是供養佛的功德。譬如種下福報的種子，在田裏慢慢的會生長起來，種子下得多，種的田就大。）

第四、是**收攝普賢菩薩十大願的殊勝功德大**。（收攝，是完全依了十大願的修法，修學成功的，好像把十大願都收受去了一樣。殊勝兩個字的意思，是特別的大，不是尋常的大。）

第五、是**因大**。就是第七句普賢菩薩所修的佛道，是非常的清淨。所修的菩薩因是清淨的，所以結的菩提果也非常的清淨。

第六、是**時大**。常常不停歇的供養，一直供養到未來的時劫完盡。未來的時劫，是沒有完盡的，說供養時劫完盡，就是永遠供養，永遠沒有停止的時候，一直誠誠懇懇，一點也沒有疲勞、厭倦的態度。

並且還願意常常修持諸佛種種的妙法，希望一切菩薩，都從光明裏，顯現出他們修道的功行來。

歸根究底，普賢菩薩的十大願，都要常常修習，一直要修到未來劫窮盡，才可以停止。

試問未來劫有窮盡的時候嗎？未來劫沒有窮盡的時候，那修習也永遠沒有窮盡了。

我於一切諸有中，所修福智恆無盡，
定慧方便及解脫，獲諸無盡功德藏。
一塵中有塵數剎，一一剎有難思佛，
一一佛處眾會中，我見恆演菩提行。

解 **諸有**的**有**字，是有生死、有因果報應的意思。有三有、四有、七有、九有、二十五有等。在佛經裏，說到有字，大概都說九有的，所以現在就九有來講講。別的各種有，不常見到的，就不講了。

九有，是欲界、色界、無色界、三界裏的**九種地**，是世界眾生的**依報**。（依報，是身體外所享用的種種，像衣食住一切東西，都是人所依靠而生活的，所以叫依報。）從阿鼻地獄起，一直到第六層的他化自在天，都是**欲界**，叫**五趣雜居地**。是天道、人道、畜生道、餓鬼道、地獄道、五道眾生，夾雜住在裏面，所以叫五趣雜居。

色界的十八層天，分做四種地。

初禪的三天，叫**離生喜樂地**，因為離開了欲界去受生，覺得心裏歡喜快樂得很。

二禪的三天，叫**定生喜樂地**，因為是從禪定裏生出來的，所以有一種特別的歡喜快樂。

三禪的三天，叫**離喜妙樂地**，因為離開了那種麤相的歡喜心，得到一種微妙的樂處。

四禪的九天，叫**捨念清淨地**，是說捨去三禪的快樂，心念裏清淨了。

無色界的四天，分做四種地。

空無邊處天，就叫**空無邊處地**。

識無邊處天，就叫**識無邊處地**。

無所有處天，就叫**無所有處地**。

非想非非想天，就叫**非想非非想地**。

功德藏，是藏放功德的寶藏。（這個藏字，是比喻的意思。不是真的把功德，藏放在什麼器具裏。）

釋 這一段和十地經裏的第九願，**利益**相合。

我生在眾生所住的各種地中間，所修的福德、智慧的事業，永遠沒有窮盡的時候。

修到定力、慧力、種種方便，斷盡煩惱，能夠自由解脫的時候，就可以得到藥樹王和如意珠，那樣的解脫身相了。（**藥王樹**，是一種最上等的藥樹。樹根生在土地裏，很深很深。樹枝、樹葉，四面散布開來，很茂盛的。根幹、枝葉，都可以拿來醫治各種病症。嗅到這種樹的一點香味，或是觸著到身體上，都是很有益處的。

菩薩要救眾生的種種苦難，就在六道中間，現這種身相，用大悲心來薰身，救眾生苦難，所以叫**藥樹王身**。

又像如意寶珠，能夠隨意散落無窮無盡的苦難珍寶，要什麼？就有什麼。譬如菩薩用大慈心來薰身，給眾生種種的快樂，所以又叫**如意藥王身**。）像上面所說的種種福報，因為修了無窮無盡的功德，才能夠得到。並且不論時期多麼的長久，所得到的利益，都能夠周遍到各處地方。

一微塵中，有像微塵那樣多的佛剎。一個一個佛剎中，又有心思想不到那麼多的佛。

一尊一尊的佛，都住在各處的一切法會裏。我看見無窮無盡的佛，常常在演講成佛道的方法，使一切眾生，都得到成佛的無上大利益。

普盡十方諸剎海，一一毛端三世海，
佛海及與國土海，我徧修行經劫海。
一切如來語清淨，一言具眾音聲海，
隨諸眾生意樂音，一一流佛辯才海。
三世一切諸如來，於彼無盡語言海，
恆轉理趣妙法輪，我深智力普能入。

解

毛端的**端**字，本來是毛的尖頭，很細小的意思。
這裏的**毛端**，也是說一種極細小的東西，和微塵差不多的意思。
六個**海**字，都是形容又大、又多的意思。
意樂，是眾生的意想裏，覺得很快樂。

辯才，是話說得巧妙，旁人說不過他，也辯不過他的意思。

釋 這一段和十地經裏的第三大願，**轉法輪**相合。

所有十方世界的許多佛剎，（上面加一個**普**字，是說所有十方世界的許多佛剎，都普遍的包括在裏面，沒有遺漏一個佛剎。）多到像毫毛那樣的多。一根一根的毛尖，都要經過過去、現在、未來、三世的長久。

所有一切佛世界和人世間的國土，我都要周遍的去修行。一直經過許多許多的時劫，都是為了要請諸佛轉法輪、勸化眾生、救度眾生的緣故。

一切諸佛說起法來，所講的話，都是非常的清淨。（**語清淨**，是佛所說的話，都是清清楚楚，講修成佛的道理，修成佛的方法，不夾雜別種話。）

佛說話的聲音，各處地方的語言，都有的。所以各種人聽了，都像他們自己說的話一樣，隨順聽的人說慣怎樣的話，就聽到怎樣的話。譬如人世間的人聽了，就覺得是人世間的話。天上的人聽了，就覺得是天上人的話。我們中國人聽了，就像中國話。外國人聽了，就像外國話。所以不論那一道的眾生，聽佛的話，沒有聽不懂的。

並且還能夠使眾生聽了，各個的意思裏，都覺得非常的快樂。佛的口才，非常的好。佛說起法來，沒有人能夠和佛辯論的，因為沒有人能夠勝過佛。

三世一切諸佛，（上面說十方的佛，這裏說三世的佛。其實說三世，就包括十方在裏面。說十方，就包括三世在裏面。）在十方諸佛剎和人世間各國的國土裏，說無窮無盡高妙的話。

這都是為了講演佛法精深的道理，高妙的旨趣。我也用很深切的智慧力，周遍的深入了解。

我能深入於未來，盡一切劫為一念，
三世所有一切劫，為一念際我皆入。
我於一念見三世，所有一切人師子，
亦常入佛境界中，如幻解脫及威力。

解

深入，是一路修上去，修進去，修到很高、很深的意思。

如幻的**幻**字，有變化的意思，也有虛假的意思。能夠做幻術的人，（幻術是一種虛假的法術，就是戲法。）會從沒有變出有來，或是用一種東西，變出人或是變出畜生來，像真的人、或是真的畜生一樣。

釋

這一段和十地經裏的第七大願，**淨土**相合。

偈文雖然沒有說明白是讚頌淨土，但是這八句文字，卻包含著七種淨土的意義在裏面，所以知道是淨土願。

第一句到第四句，是說第一種**同體淨**。（同體，是體性相同的意思。像水裏波浪的體性，不是和水一樣的嗎？又像人身上四肢的體，不是和身體本體一樣的嗎？所以叫同體淨。四肢，就是兩手、兩足。）

第五第六兩句，是說第二種**自在義淨**。（自在義，是說心已經離開了煩惱的束縛，可以自由自在的意思。）

第七句，是說第三種**因淨**。因又有二種。

一叫生因。（生因，是生果的因，像草木的種子，就是草木的生因。）像維摩經上說，布施是菩薩淨土，就是說布施可以莊嚴淨土的意思，那麼布施就是淨土的生因了。

二叫依因。（依字，是依靠的意思。）依因又有二種。

一種叫鏡智淨識。是自受用土所依靠的因。（鏡智，是說智慧光明得很，像明亮的鏡一樣清淨。就是佛四智裏的第一種大圓鏡智。淨識，是識見清淨得很，其實鏡智和淨識，意思差不多的。四智，在《朝暮課誦白話解釋》暮時課誦末後，有詳細註解。）

一種叫後智通慧。是他受用土所依靠的因。（後智，也叫後得智，和根本智，恰巧相反。根本智，是離開了沒有分別的念頭，只有這個自然有的智慧，所以也叫無分別智。後得智，是有了根本智之後才得到的，所以是後得智。

通慧的通字，就是神通。慧字，就是智慧。種種神通，都是以智慧做實在的體性，所以叫通慧。其實通就是慧，意義是差不多的。

受用土，有自受用土、他受用土二種分別。自受用土，是報身受用的國土。他受用土，是初地以上的菩薩所變現的淨土。初地菩薩，在《佛法大意》裏，有詳細的解釋。）自受用土和他受用土，都是一切諸佛的境界，這種境界就是相淨。（相淨，是相清淨，也就是諸佛境界清淨。）

第八句，包括三種淨在裏面。如幻，是說第四種**果淨**。果又有二種，一、所生果，就是相淨。二、示現果，是碰到什麼機緣，就現什麼奇妙的相。

解脫及**威力**，是說第五受用淨，也就是受用淨土。要得到受用淨土，一定要修到所有的過失，完全離去。所有的功德，完全成就。現在說解脫，是解脫煩惱。煩惱能夠解脫，就是離過。所說威力，是有威勢的能力，就是成德。照十地經原來的文句，這一句，有眷屬兩個字，沒有威力兩個字。有眷屬，就是第六、住處眾生淨。第七、相淨，就是諸佛的境淨，已經包括在第四、果淨裏了。

這一段裏的各種名詞，已經都解釋清楚了，現在再把文句解釋一遍，更加可以明白了。

我能深入於未來，盡一切劫為一念的兩句，是說我能夠一直進到未來的許多時劫，所有一切未來的時劫，都在我一念裏面。

三世所有一切劫，為一念際我皆入的兩句，是說不但是未來的時劫，哪怕過去、現在、未來三世，所有一切的時劫，因為都在我一念裏，所以我也能夠推進到無窮無盡的時劫裏去。

我於一念見三世，所有一切人師子的兩句，是說我在一個念頭裏，見到三世所有的佛。

亦常入佛境界中，如幻解脫及威力的兩句，是說我也常常到佛的境界裏去，覺得佛的境界，有無窮的變化。竟然像幻術的變化一樣，非常的解脫，沒有一點點的煩惱，所以一切的過，都能夠離開。並且還有很大的威嚴，很大的能力，所以一切的德，都能夠成就。

於一毛端極微中，出現三世莊嚴剎，
十方塵剎諸毛端，我皆深入而嚴淨。
所有未來照世燈，成道轉法悟群有，
究竟佛事示涅槃，我皆往詣而親近。

解

塵剎，是說像微塵那麼多的佛剎。

照世燈，是說佛的光，像燈照在黑暗的地方，黑暗就可以明亮。比喻佛教化了愚癡的眾生，愚癡眾生，就可以覺悟。

群有和前面的諸有一樣的意思。

詣字，是去和到兩種意思。

釋

這一段和十地經裏的第六願，**承事**相合。（承事，是奉承、服侍的意思。就是承事一切諸佛。）

第一句，**於一毛端極微中**，是一根毫毛的尖頭極微細的，像微塵差不多的。

第二句，**出現三世莊嚴剎**，是說在一根毫毛尖上面，出現過去、現在、未來三世所有很莊嚴的佛剎，那是淨土的一切相，都包括在裏面了。

第三句，**十方塵剎諸毛端**，是說毫毛的多，竟然像十方塵剎一樣的多，（佛剎像微塵那麼的多，所以叫塵剎。並且還不是一處地方的塵剎，還是十方世界所有的塵剎。）這一句說的相，竟然是無量數的相了。

第四句，**我皆深入而嚴淨**，是說這樣多的佛剎，我都要深深地了解，都要到那裏去，並且還要修到很深的地位。（深入，有兩種。一是智深入，那是用智慧來明白了解諸佛的道理。一是身深入，那是這個報身，修到極莊嚴的佛剎那裏去。）到那裏去做什麼呢？是要做得使這些佛剎，更加莊嚴、更加清淨。像所有未來的諸佛，成佛道，轉法輪，覺悟世界上一切的眾生。

第七、第八兩句，是說等到佛所要做的事情，都做完了，就示現涅槃相了，佛有八種相，**涅槃相**是最後示現的相。

（第一相、**降兜率**。住在兜率天四千歲，看到了到娑婆世界去度眾生的時機已經熟了，就從兜率天乘了白象降世。

第二相、**入胎**。從摩耶夫人的左脇、進到胎裏去。

第三相、**住胎**。在摩耶夫人胎裏，行、住、坐、臥，一天六個時辰，向諸天說佛法。

第四相、**出胎**。四月八日、在藍毗尼園裏，從摩耶夫人右脇生下地來。

第五相、**出家**。十九歲出家，佛看見世界上的一切，都是忽生、忽滅，沒有一刹那的時間定住的，所以就從王宮裏出來，到山裏去出家學佛法了。

第六相、**成道**。佛經過了六年的苦行，在菩提樹下，就得道成佛了。

第七相、**轉法輪**。成道後、或是在天道、或是在人道，說佛法，度眾生，一直經過五十年。

第八相、**入滅**。佛到八十歲的時候，在娑羅雙樹底下，示現**涅槃**的**相**。）像佛有這樣種種的現相，我都要到佛那裏去和佛時時親近，修學佛法。

速疾周徧神通力。普門徧入大乘力。
智行普修功德力。威神普覆大慈力。
徧淨莊嚴勝福力。無著無依智慧力。
定慧方便威神力。普能積集菩提力。
清淨一切善業力。摧滅一切煩惱力。
降伏一切諸魔力。圓滿普賢諸行力。

解 疾字和**速**字一樣，都是快的意思。

普字，本來是周遍的意思，也可以說用這一門，普遍深入一切法門中去，所以叫**普門**，也可以叫普法。

覆字，本來是蓋在上面的意思，也有保護的意思在裏面。

勝福的**勝**字，是說這種福特別的大，特別的好的意思。

摧字，是毀掉的意思。

集字，是聚集起來的意思。

這一段和十地經裏的第十大願，**成佛**相合。願意和法界眾生，大家都能夠得到正等正覺，意思就是願意大家都成佛。

釋

第一句，是說神通力又快又周遍。

第二句，是說**大乘力**能夠周遍，深入一切法門裏，（大乘力，就是大乘佛法的大力量，不是小乘佛法的小力量。佛菩薩是大乘，緣覺、聲聞是小乘。）將來都可以成佛。

第三、第四、第五三句，都是說**實諦**，（所見到的理，真誠切實，叫實諦，也可以叫真法。但是法如果不真，就不可以叫實諦。）說實諦，可以使聽的人、容易覺悟。

第三句，是說普遍修學智慧和行為的功德，這種功德的力量，都是很大的。

第四句，是說威德和神通，普遍覆護一切眾生的大慈力。

第五句，是說又周遍、又清淨、又莊嚴、特別好的大福報力。（就是成佛的福。）

第六句，是說沒有執著、沒有依傍的大智慧力。因為有所執著，有所依傍，便不是大智慧了。

第七句，是說定力、慧力、方便力、威神力、完全都有，就可以說種種的佛法了。

第八句，是說能夠普遍積聚佛道的力，就可以接續佛種，不致於斷絕佛種了。

第九句，是說依靠大的智慧，來清淨一切善業的力量。

第十、第十一兩句，是說能夠把在心念裏的一切煩惱，完全摧滅，身外的一切邪魔，完全降伏的力量。

第十二句，是說上面所說的十一種力，都能夠修到了，那普賢菩薩所修的種種功德的力，也都圓滿了，這就是圓滿普賢行願的力量。

普能嚴淨諸剎海。解脫一切眾生海。
善能分別諸法海。能甚深入智慧海。
普能清淨諸行海。圓滿一切諸願海。
親近供養諸佛海。修行無倦經劫海。
三世一切諸如來，最勝菩提諸行願。
我皆供養圓滿修，以普賢行悟菩提。

解 海，又深、又大，世界上所有的一切，沒有比海更大的了。用海來比願的大，這種大願，還得了嗎？並且不是一種、二種願，像海那麼大，是所發的一切願，都像海那麼大，像海水那麼多哩！

釋 這一段是總結前面十地經裏的十大願。有海字的八句，是歸結前面的九大願。

第一句，**普能嚴淨諸剎海**，是結第七、**淨土願**。能夠普遍的莊嚴清淨一切的佛剎。就是使所有的國土，都變成淨土。

第二句，**解脫一切眾生海**，是結第五、**成熟衆生願**。能夠使一切眾生，都得到解脫。就是眾生都成了佛了，所以說是成熟。

第三句，**善能分別諸法海**，是結第三、**轉法輪願**。**分別**，是明白透徹的意思。能夠明白透徹一切諸法，都是佛宣講的佛法，眾生聽了佛的宣講，才能明白佛道。能字上加一個**善**字，是說佛說法教化眾生，很柔順巧妙的意思。

第四句，**能甚深入智慧海**，是結第二、**受持願**。受持的受字，是受佛的教化。持字，是自已用修行的功夫。**深入**兩個字，照俗語說起來，就是進去的意思。深入上面加一個**甚**字，是進去得極深的意思。在修行的時期，能夠把自己的心思，完全用到智慧裏去，那就沒有修不成的。

第五句，**普能清淨諸行海**，是結第四、**修行二利願**。二利，是解脫惑業和魔境二種害的。除害，就是得利益，所以叫修行二利。惑業和魔境都能夠解脫了，那所修的一切行，自然都清淨了。

第六句，**圓滿一切諸願海**，是結第九、**利益願**。所說的利益，是求眾生的利益，不是求自己的利益。求利益的時間，是沒有窮盡的。求利益的地方，又是很周遍的。願發得大，發得多，利益自然就能夠圓滿了。

第七句，**親近供養諸佛海**，是結第六、**承事願**和第一、**供養願**二願的。親近，就是承事。要親近諸佛，就應該要奉承服侍諸佛。要奉承服侍諸佛，也自然應該要親近諸佛。雖然只說親近供養，實在是承事也包含在裏面了。

第八句，**修行無倦經劫海**，是結第八、**不離願**。意思是說我不論生在什麼地方，不論是諸佛菩薩、或是善知識、或是同修學的人，我永遠和他們在一處修行，我永遠不離開他們。並且和他們很親近、很和氣，儘管時間很長久了，經過了像海水那樣多的時劫，我也沒有一點厭倦的心。

第九、第十、第十一、第十二四句，是結第十、**成正覺願**。所有三世一切諸佛，所修最高、最上成佛的各種行願，我都誠誠懇懇的去供養，圓圓滿滿的去修持。我學普賢菩薩的行願，一直修到覺悟成佛。前三句說修行的因，非常的圓滿，末一句說終究學了普賢菩薩的修行方法，能夠修到了成佛的果。

一切如來有長子，彼名號曰普賢尊。
我今回向諸善根，願諸智行悉同彼。
願身口意恆清淨，諸行剎土亦復然。
如是智慧號普賢，願我與彼皆同等。

解

長子，是年歲最大，道德最高的兒子。（這裏說的長子，不像俗家說的是自己生的兒子，才能夠接續。傳佛法的人，就稱做佛的長子，這是傳法的子，不是傳宗接代的子。）

智行，是智慧和修行的功夫。

復字，和亦字差不多。

亦復然，是也是這個樣子的意思。

同等，是一樣的，沒有高下的意思。

釋

一切諸佛，都有道德高尚，修行功夫很圓滿的長子。這一位佛的長子，他的名號叫普賢。加一個**尊**字，是尊重恭敬的意思。

我現在把所修的功德善根，完全回向於普賢菩薩。（**諸善根**，就是一切功德善行。）願意把我的智慧、功德，（行，就是修的功德。）完全都像普賢菩薩一樣。這就是回因向果。

還願意，身、口、意三業，常常清清淨淨，沒有一點染污。一切諸行，一切佛國，也都清清淨淨，沒有一點染污。

像上面所說那樣的智慧，才可以號稱普賢。我願意和普賢菩薩一樣，沒有高下。

這偈文本來是普賢菩薩說的，但是又說願意和一切如來的長子普賢菩薩，智慧功德一樣平等。這裏就證明，佛佛道同的道理。

我為徧淨普賢行，文殊師利諸大願，
滿彼事業盡無餘，未來際劫恆無倦。
我所修行無有量，獲得無量諸功德，
安住無量諸行中，了達一切神通力。
文殊師利勇猛智，普賢慧行亦復然，
我今回向諸善根，隨彼一切常修學。

解

文殊師利，就是文殊菩薩。

了達，是明白的意思。

釋

我為了要把普賢菩薩所修的種種**功行**和文殊師利菩薩所發的種種**大願**，完全學習得非常清淨。（學習得非常清淨，就是學習到程度很高的意思。）

兩尊菩薩所有的事業，我也要學習到圓滿的地步，沒有一點點沒學到的。並且一直學習到未來的時劫，也沒有一點點厭倦的心。

功德。

我所修行的佛法，一切都要修到沒有限量的。所以能夠得到沒有限量的種種

安安穩穩的留住在所修的一切**行業裏**。（行業，是修行的事業。）所有一切

的神通力，都能夠明白曉得。

文殊師利菩薩的智慧，非常的勇猛有力。普賢菩薩的智慧行業，也和文殊師

利菩薩一樣。

我現在把我所修的一切功德善根，都回向於文殊、普賢兩位大菩薩。常常跟

隨了他們，修學他們所修學的一切。

這一段，是讚頌普賢菩薩的**行**，和文殊師利菩薩的**願**的。

三世諸佛所稱嘆，如是最勝諸大願。
我今回向諸善根，為得普賢殊勝行。

解
殊字，本來是不相同的意思，也可以說是特別的意思。
殊勝，是比特別的還要勝過。

釋
三世諸佛所稱讚的，就是這樣最尊、最妙的許多大願心。
我現在把所修的許多功德、善根，完全回向。這種回向，為的是得到普賢菩薩那樣特別高妙的功德。

願我臨欲命終時，盡除一切諸障礙，
面見彼佛阿彌陀，即得往生安樂剎。
我既往生彼國已，現前成就此大願，
一切圓滿盡無餘，利樂一切眾生界。
彼佛眾會咸清淨，我時於勝蓮花生，
親覩如來無量光，現前授我菩提記。
蒙彼如來授記已，化身無數百俱胝，
智力廣大徧十方，普利一切眾生界。

解

有惡業的人，到臨死的時候，無論這一世、或是前一世、十世、百世、所造的惡業，都在這個人的面前，現出種種可怕的形狀來。這個人看見了，就驚嚇到不得了，那裏還有投生到安樂世界去的心念，更不必說往生西方了。這種可怕的形狀，都可以阻礙他投生到善道去，所以叫障礙。（障字，就是阻礙的意思。）可以阻礙的形狀，多得很，說也說不完。所以叫**一切諸障礙**。

安樂剎，是安樂的佛土，就是西方極樂世界。

利樂兩個字，是利益和安樂的意思。

咸字，和皆字一樣的意思。

覩字，是看見的意思。

菩提記，是佛為往生的人，記好了將來成佛的名號。

俱胝，是一個很大的數目的單位。一個俱胝，已經算不清是多少了，何況百俱胝，而且還不只一個百俱胝，是無數的百俱胝，哪裏還可以計算呢？

釋

願意我到了壽命完盡的時候，所有可以障礙我，往生西方極樂世界的一切惡魔境界，完全滅除。

當面見到阿彌陀佛來迎接我，我即刻就可以往生西方極樂世界。

我已經生到了極樂世界，上面所說的種種大願，都可以完全修成圓滿。

一切都圓滿，絕沒有留下一點點不圓滿。我的大願，既然都修成了，我希望一切眾生界的眾生，都可以得到利益和安樂。

西方極樂世界的一切法會，都是很清淨的。我在那個時候，就在很奇妙的蓮花裏生出來了。

親眼見到佛的無量數的光。我就在佛的面前，承蒙佛的大恩，授記我成佛的名號。

我受記了成佛的名號，我就化了無數身相。

智慧力量，也都廣大到不得了，周遍到十方世界去。勸化救度一切的眾生，使一切眾生界，都得到很大的利益。

乃至虛空世界盡，眾生及業煩惱盡，如是一切無盡時，我願究竟恆無盡。

解 世界，就是世間。

釋 上面所發的種種願，一直要到虛空世界，完全沒有。眾生和惑業、煩惱，也完全沒有。

像這樣一切的一切，都沒有窮盡的時候。我的願心，也是沒有窮盡的時候。要曉得虛空世界、眾生惑業、煩惱等一切，哪裏會有窮盡的時候？若是一切都沒有窮盡的時候，我的願心，也就永遠不會窮盡了。

十方所有無邊剎，莊嚴眾寶供如來，
最勝安樂施天人，經一切剎微塵劫。
若人於此勝願王，一經於耳能生信，
求勝菩提心渴仰，獲勝功德過於彼。

解

勝字，是一個好字眼，用在什麼地方，就解釋做什麼意思。

願王，是願心大到不得了，所以稱做王。

仰字，是仰起了頭，盼望的意思。加一個**渴**字，是形容盼望的心、非常的深切，像口渴極了，急急要喝水一樣的意思。

彼字，是指前四句經文所說的功德。

釋

十方所有多到無邊無際的佛剎，都用許多許多很莊嚴的寶貝，來供養一切的佛。

再以最好最妙的安樂，來布施給天道、人道的眾生。把所有一切的佛剎，都化成了像微塵那樣的細小，有如這微塵那樣多的時劫，都要經過。

若有人對這樣深切的大願，一聽到耳裏，就能夠生出信心來。

他要求得到最高妙的佛道，就像口渴的人，盼望有水可以喝到一樣的急。這個人一定會得到最高、最大的功德。比上面所說，用許多許多珍寶，來供養十方無量無邊佛剎裏的佛，還要勝過。

即常遠離惡知識，永離一切諸惡道，速見如來無量光，具此普賢最勝願。

解

惡知識和善知識，恰巧相反。善知識，是勸化人信佛、做好人。惡知識，是勸人謗佛、做壞人。（謗字，是說壞話的意思。）

具字，是有的意思。

釋

有人聽了這十種大願，生起信心，一心求菩提道，就叫永遠遠離惡知識，不薰染他們的惡習氣。遠離了惡知識，所見到的人，都是善知識了，那就不會薰染惡知識的惡習氣了。天天都薰染善知識的善行了。善行薰染得多，就會積善業，不會積惡業。不積惡業，就永遠離開一切的惡道了。

見到的善知識多了，就一定有佛弟子在裏面，能夠勸導學習佛道，那就很快可以見到諸佛無量無邊的光明。自己的智慧，也就可以開發了。有了智慧，那麼像普賢菩薩那樣最高、最妙的大願，就完全都會發生出來了。

此人善得勝壽命，此人善來人中生，此人不久當成就，如彼普賢菩薩行。

解

勝壽命，是很長很長的壽命。

很長很長的壽命，是不容易得的，所以叫**善得**。

這個人得到很長很長的壽命，並且不受到病痛，常常很安樂，所以便稱其為善得。

釋

這個人生到人世界裏來，不受苦惱，常常得到樂報，所以叫**善來**。

這個人不久就會修佛道、發大願，成為像普賢菩薩那樣深切的修行。

往昔由無智慧力，所造極惡五無間，誦此普賢大願王，一念速疾皆消滅。

解

往昔，是從前的意思。

這裏的一個**由**字，是因為的意思。

五無間，是五種永遠受苦，沒有間斷的地獄。（在《朝暮課誦白話解釋》裏，有詳細解釋。）

釋

從前因為沒有智慧的力量，所以造了極惡的五種永遠受苦、沒有間斷的惡業。

雖然已經造了這五種極惡的業，應該要永遠受苦，受到沒有停歇的報應。但是只要能夠念普賢菩薩的十大願，只要轉一個念頭的時間，就會極快的，把應該要墮落五無間地獄極重的惡業、極苦的惡報，完全消滅淨盡了。

族姓種類及容色，相好智慧咸圓滿，諸魔外道不能摧，堪為三界所應供。

解

族，是一族一族的人。
姓，是一姓的人。
種，是一種一種的人。
類，是一類的人。
容，是面貌。
色，是皮色。
摧，是毀壞、消滅的意思。
堪，是可以擔當的意思。

釋

他的宗族、他的姓、他的種類、他的容貌、他的顏色、他的形相、他的智慧，都極為圓滿。天魔外道，不能摧害他。值得受三界眾生的供養。

速詣菩提大樹王，坐已降伏諸魔眾，成等正覺轉法輪，普利一切諸含識。

解

菩提樹，是一種很大的樹，出產在中印度的摩伽陀國。

魔眾，是說許多魔鬼。

含識，就是有情的。（有情，是有情感的。）所以**六道眾生**，都稱含識。

釋

菩提樹所以稱大樹王，不但是因為這種樹特別的大，還因為釋迦牟尼佛在沒有成佛之前，苦修了六年，忽然覺悟。想到過去的一切諸佛，都到菩提樹下去降伏許多魔鬼，而修成佛道。所以就到尼連河去、削髮沐浴，坐在菩提樹下成佛。

這四句偈，是讚嘆聽到了普賢菩薩十大願王，就生起信心來，求菩提道的人。

他能夠很快的到菩提樹下，降伏種種的魔鬼。魔鬼既然降伏，就很清淨，可以一心修道成佛了。

成了佛，就可以轉法輪，勸化眾生。使一切的六道眾生，都普遍的得到無窮的利益。

若人於此普賢願，讀誦受持及演說，果報惟佛能證知，決定獲勝菩提道。

解

讀誦受持，都是自己修行，受持還包括用功學習的意思在裏面。

演說，是宣講給大眾聽。

釋

若有人把這普賢菩薩的十大願，自己念誦學習，還向眾生演講勸化。修了這種功德，就一定會得到很好的果報。

這種果報，只有佛能夠證明白，一定能得到極尊、極高的佛道。

若人誦此普賢願，我說少分之善根，一念一切悉皆圓，成就眾生清淨願。

解

少分，就是全部份裏的一小部份。

釋

若有人念誦這普賢菩薩的十大願王，我只說這一小部份的善根。（就是說一小部份的願心。善根，就是大願。）只要一念之間，就可以圓滿一切的功德，（一切，就是眾生都有的各種願心。）圓滿成就眾生的清淨願心。

我此普賢殊勝行，無邊勝福皆回向，普願沉溺諸眾生，速往無量光佛剎。

解

溺字，是沉在水裏的意思。

無量光佛剎，就是西方極樂世界。因為《阿彌陀經》上，有阿彌陀佛光明無量的一句經，所以說就是西方極樂世界。

釋

普賢菩薩這種非常深妙的修行功德，當然可以得到無量無邊特別的福報，我都拿來代一切眾生回向。

我願意把沉溺在苦海裏的一切眾生，希望他們都趕快到西方淨土去。

爾時，普賢菩薩摩訶薩，於如來前，説此普賢廣大願王清淨偈已。善財童子，踴躍無量。一切菩薩，皆大歡喜。

解

菩薩摩訶薩，是梵語，翻譯成中文，就是大菩薩。

這裏的**清淨**兩個字，是沒有一點點別的念頭，夾雜在裏面的意思。

清淨偈，是完全讚頌十大願王，不夾雜一點點別的意思在裏面。

已字，是完了、停歇了的意思。

踴躍，是高興得不得了，竟然蹤跳起來了。

釋

在那個時候，普賢大菩薩在佛的面前，把這種普賢廣大願王清淨偈説完了。（大字上加一個廣字，是又大、又多的意思。）

善財童子聽了，歡喜到不得了，不知不覺的蹤跳起來了。

所有各處來到法會裏，聽普賢大菩薩說十大願王的一切菩薩，無量無邊的多，也都是大大的歡喜。

如來讚言：善哉！善哉！

解

佛菩薩不論稱讚什麼人？或是什麼事？總是說**善哉！善哉！**，其實和在家人說**妙極！妙極！**一樣的意思。

這一品經文所說的，是行願。能說的，是普賢菩薩。所引導眾生的，是歸到西方極樂世界去。能夠引導眾生的，是普賢菩薩十大願王。

釋

佛聽了普賢菩薩、再三再四的勸化眾生，也覺得歡喜得很，稱讚普賢菩薩演講得好，所以說善哉！善哉！

爾時，世尊，與諸聖者，菩薩摩訶薩，演說如是，不可思議解脫境界勝法門時。

解

諸聖者，是許多聖人。在佛法裏，凡是**阿羅漢**、**緣覺**、**菩薩**，都可以稱聖人。

法門和單用一個法字，意思是一樣的。

釋

佛在那個時候，就向許多聽法的聖人和許多大菩薩，演說如是不可思議解脫境界的勝法門的時候。（不可思議解脫境界，在解釋經題裏，已經詳細講過。）

文殊師利菩薩而為上首，
諸大菩薩，及所成熟六千比丘。
彌勒菩薩而為上首，
賢劫一切諸大菩薩。
無垢普賢菩薩而為上首，
一生補處，住灌頂位，諸大菩薩。
及餘十方，種種世界，普來集會，
一切剎海，極微塵數諸菩薩摩訶薩眾。

解

在一個法會裏，無數的聽眾中間，分開菩薩歸菩薩的座位、比丘歸比丘的座位、金剛歸金剛的座位。每一類的聽眾，就從他們一類裏面，推舉一位，或是數位，數十位做領眾。這領眾的人，就稱**上首**。

賢劫，是一個中劫。（在《阿彌陀經白話解釋》，「無量無邊阿僧祇劫」一句底下解釋劫字，很詳細的。）中劫，有成、**住**、壞、空、四種。已經過去的住劫，叫**莊嚴劫**。未來的住劫，叫**星宿劫**。現在的住劫，就叫**賢劫**。在這個賢劫裏，有一千尊佛出世。所以稱讚這一劫叫賢劫，也叫**善劫**。

一生補處，大略講講、是就在這一生可以補到佛位。（倘若要明白詳細、在《阿彌陀經白話解釋》，「其中多有一生補處」一句底下，有詳細解釋。）

灌頂，是印度的天竺國王，接王位的時候，用東、南、西、北四大海的水，灌在王子的頭頂上，就叫灌頂。密宗的禮節裏，（佛教分好多宗派的，有密宗、相宗、禪宗、律宗、淨宗、等種種名稱。像我們念佛求生西方的，就叫淨宗。）也有灌頂的。灌頂的名稱很多，有傳教灌頂、受教灌頂、滅罪灌頂、成就灌頂、求果灌頂等。大略說說，曉得些名稱罷了，不能夠詳細解釋了。

釋 這一段經文、是結束聽法的人，總共分做四起。

以**文殊師利菩薩**為上首的在一起，有許多大菩薩和修行已經成熟的比丘六千人。（成熟和成就差不多，就是已經快要修成功的意思。）

以**彌勒菩薩**為上首的在一起，有賢劫時代的一切大菩薩。

以**無垢普賢菩薩**為上首的在一起，有許多一生就可以補到佛位的菩薩和許多安住在灌頂位的菩薩。（安住灌頂位，是指有受灌頂資格的大菩薩。）

還有**十方種種世界的菩薩**，都普遍的來集會。

像海水那麼多的一切佛剎，化成了微塵那麼多的大菩薩，又是一起。

大智舍利弗，摩訶目犍連等，而為上首，諸大聲聞，並諸人天，一切世主，天，龍，夜叉，乾闥婆，阿修羅，迦樓羅，緊那羅，摩睺羅伽，人非人等，一切大眾。

解

世主，是世界上的主。像天上的天帝，人世界的帝王都是的。

釋

舍利弗聽到佛弟子馬勝說的一個偈，就證得了須陀洹果，智慧是很不得了的，所以稱他**大智**。

目犍連的神足，最不得了，（神足，在《阿彌陀經白話解釋》，「供養他方十萬億佛」一句底下，講得很明白。）能夠飛行到十方世界去。

在他們兩位大菩薩做上首的一起裏，有許多的大聲聞和天道、人道的一切世界上的帝王，又有天上的人、龍、夜叉、乾闥婆、阿修羅、迦樓羅、緊那羅、摩睺羅伽、人非人等一切眾生。

從夜叉到人非人，都是因為生在世界上的時候，造業太重，所以墮落到那些道裏去。諸佛大發慈悲，哀憐他們受苦沒有出頭的日子，早就叫他們種了許多善根，所以能夠來到法會裏做外場的護法。（外場，是會場的外面。）

聞佛所說，皆大歡喜，信受奉行。

解

信，是沒有一點點疑惑。

受，是完全領受，不漏掉一句。

奉字，是依照佛菩薩所說的。

行字，是修行學習。

釋

從前面文殊師利菩薩起，一直到人非人等，凡是在法會裏聽到佛說法的一切大眾，都是大大的歡喜，都是深信領受，依佛所教的各種法門，誠心誠意的修學。

華嚴經普賢行願品白話解釋　終

心靈札記

黃智海居士簡介

黃智海居士（一八七五～一九六一），名慶瀾，字涵之，法名智海，上海人，前清貢生，曾任湖北德安宜昌知府。

後留學日本、回國後，創辦上海南華書局、上海三育中小學、上海法政學校。

一九一二年（民國元年），曾任上海火藥局局長、上海高級審判廳廳長。後又任浙江溫州甌海道道尹，一度兼任甌海海關總督，又調任寧波會稽道道尹，後又任上海特別市公益局局長。

一九二二年，上海佛教淨業社成立，被推為該社董事。

一九二六年，與王一亭、施省之、關絅之等發起組織上海佛教維持會，對維護佛教作出貢獻。

一九二九年，與印光法師等在上海覺園發起成立弘化社。

一九三五年，任中國佛教會常務理事。同年與胡厚甫等在上海覺園發起成立具有國際性的佛學團體——法明學會，任副會長。

一九三六年，任上海佛教徒護國和平會理事。是年，又任上海慈善團體聯合救災會副主任，兼任救濟戰區難民委員會副主任。

一九四五年，任中國佛教會整理委員會委員。

一九四七年，任中國佛教會上海市分會理事兼福利組主任。隨後，當選為上海市人民代表及上海佛教淨業社社長。

一九五六年，被推為上海佛教淨業居士林名譽主任理事。

一九六一年，逝世，享壽八十七歲。

黃智海居士中年皈依佛教，是淨土宗印光法師弟子，對淨土宗頗有研究。所著《阿彌陀經白話解釋》及《初機淨業指南》兩書，當時譽為淨土宗初機最佳良導。

他晚年發願把「淨土五經」都寫成白話解釋，來弘揚淨土宗，後來他寫的《觀無量壽佛經白話解釋》、《普賢行願品白話解釋》都已出版。《無量壽經白話解釋》寫了一大半，因年老多病，沒有完成。

他還撰有《了凡四訓》《心經白話解釋》、《佛法大意白話解釋》、《朝暮課誦白話解釋》等。他的著作，都是用淺顯通俗的白話文寫成，對全國各地佛教信眾起了廣泛的影響。

華嚴經普賢行願品白話解釋 / 黃智海著. -- 2版. -- 臺北市 : 笛藤, 2019.06
面； 公分
隨身版
ISBN 978-957-710-761-9(平裝)
1.華嚴部
221.2 108008777

2019年6月18日 2版第1刷 定價300元

作　　者	黃智海
監　　製	鍾東明
編　　輯	葉艾青
編輯協力	斐然有限公司
封面設計	王舒玗
總 編 輯	賴巧凌
發 行 所	笛藤出版圖書有限公司
發 行 人	林建仲
地　　址	台北市中山區長安東路二段171號3樓3室
電　　話	(02) 2777-3682
傳　　真	(02) 2777-3672
總 經 銷	聯合發行股份有限公司
地　　址	新北市新店區寶橋路235巷6弄6號2樓
電　　話	(02)2917-8022・(02)2917-8042
製 版 廠	造極彩色印刷製版股份有限公司
地　　址	新北市中和區中山路2段340巷36號
電　　話	(02)2240-0333・(02)2248-3904
印 刷 廠	皇甫彩藝印刷股份有限公司
地　　址	新北市中和區中正路988巷10號
電　　話	(02) 3234-5871
郵撥帳戶	八方出版股份有限公司
郵撥帳號	19809050

隨身版

華嚴經普賢行願品白話解釋